오늘부터
제대로,
금융
공부

창비청소년문고 28

오늘부터 제대로, 금융 공부

초판 1쇄 발행 • 2018년 1월 26일
초판 6쇄 발행 • 2023년 9월 18일

지은이 • 권오상
펴낸이 • 강일우
책임편집 • 이현선 김서윤
조판 • 박지현
펴낸곳 • (주)창비
등록 • 1986년 8월 5일 제85호
주소 • 10881 경기도 파주시 회동길 184
전화 • 031-955-3333
팩시밀리 • 영업 031-955-3399 편집 031-955-3400
홈페이지 • www.changbi.com
전자우편 • ya@changbi.com

똑똑한 경제생활을 위한 35가지 질문

권오상 지음

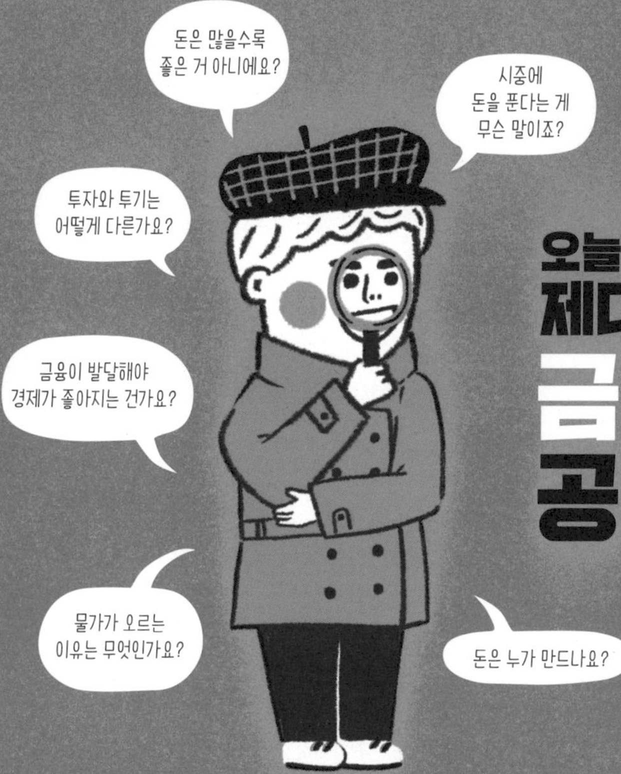

오늘부터 제대로, 금융 공부

창비

사랑하는 두 아들 이준, 서준에게.

안녕하세요? 여러분과 함께 지금부터 돈과 금융에 대한 이야기를 해 보려 합니다. 돈을 싫어하는 사람은 없지요. 여러분도 부모님께 용돈을 많이 받으면 기분이 좋잖아요. 저도 어렸을 때 설날이 다가오면 가슴이 두근두근했어요. 한 살 더 먹는 것도 기뻤지만 세뱃돈을 받을 생각에 미리 신이 났던 거예요. 그 돈으로 군것질을 하거나 사고 싶었던 물건을 살 수 있었으니까요.

　돈이 무엇인지 모른다고 생각할 사람은 없을 것 같아요. 반면 금융이 무엇인지 설명해 보라는 질문을 받으면 당황할 사람은 꽤 있을 거예요. 다음의 예가 금융인지 아닌지 같이 생각해 봐요. 여러분이 사고 싶은 신상 휴대 전화가 있다고 할 때, 이것이 금융일까요? 예, 금융이 맞아요. 가지고 있는 돈이 부족하면 휴대 전화를 살 수 없겠지요. 돈이 관련되어 있으니까 금융인 거예요. 작년 모델은 당장 살 수 있지만 그러기는 아쉬워요. 돌아오는 생일 때 할아버지, 할머니께 용돈을 받아서 살 수도 있겠지요. 하지만 그때까지

기다리기가 힘들어요. 그렇다면 그 대안으로 아빠, 엄마를 잘 설득해서 돈을 빌릴 수 있을지도 몰라요. 또 돈을 아끼기 위해 지금 쓰고 있는 구형 휴대 전화를 그대로 계속 쓰기로 결심할 수도 있을 거예요. 이 모든 것들이 다 금융이에요.

저라면 금융을 '돈을 다루는 모든 일'이라고 정의하겠어요. 돈을 빌리거나 빌려주는 것뿐만 아니라 돈을 벌고 불리고 투자하고 지키고 쓰는 것도 모두 금융에 속해요. 그러니까 은행 예금에 가입하는 것이나 월급으로 생활비를 충당하는 것은 금융의 영역이에요. 로또 구입도 금융에 속한다고 볼 수 있지요.

세상에는 금융에 속하지 않는 것들도 분명히 있어요. 예를 들면, 공부라든가 친구들과의 놀이는 금융이 아니지요. 하지만 여기에는 또 다른 면이 숨어 있어요. 겉으로 보아서는 무관한 듯해도 결국 돈과 관련이 있는 경우도 적지 않기 때문이에요. 공부가 "학원에 다닐 돈을 어떻게 마련하지?" 하는 질문으로 이어질 수도 있고, 친구들과의 놀이는 "어디서 무얼 사 먹나?"가 될 수 있으니까요. 이처럼 우리 삶은 금융과 깊숙이 얽혀 있어요.

금융이 돈을 다루는 모든 일이니, 금융을 제대로 이해하려면 우선 돈을 알아야겠지요? 여러분은 돈이 무엇이라고 생각하나요? 아마도 많은 청소년이 만 원짜리 지폐나 백 원짜리 동전 같은 것 아니냐고 대답할 것 같아요. 맞아요, 지폐와 동전은 틀림없이 돈이에요. 여러분에게 익숙한 돈이기도 하고요. 그런데 지폐나 동전이 돈의 전부는 아니랍니다. 훨씬 더 크고 중요한 돈이 있어요. 그게 뭔지 짐작이 가나요?

제가 여러분 또래였을 때는 아무것도 몰랐어요. 돈이란 그저 많으면 좋다고 생각하거나 혹은 돈에 관련된 사항은 경제나 경영을 공부한 사람만 이해할 수 있는 뭔가 심오한 거라고 생각했던 것 같아요. 학교 선생님을 포함해서 어느 누구도 진짜 돈에 대해 가르쳐 주지 않았기 때문이에요. 요즘 청소년들의 상황도 비슷한 것 같아요. 여러분도 사회 과목 등에서 경제와 금융을 배우지만 직접 돈에 대해 설명해 보라고 하면 자신이 없지 않나요?

수학이나 과학 과목을 좋아하는 이과생들은 돈을 이해하기 어렵다는 식의 이야기도 있어요. 사실은 정반대예요. 숫자를 좋아하면 돈에 대해 더 쉽게 알 수 있어요. 그러니 이과생들도 사회 과목에 속한다는 이유로 경제와 금융을 멀게 생각하지는 않았으면 해요.

이 책에서 저는 돈에 대한 다양한 이야깃거리를 펼쳐 놓을 생각이에요. 교과서에 흔히 나오는 딱딱하고 재미없는 그러한 이야기들은 빼고요. 금융이 뭔지 잘 모르는 사람이 떠올릴 만한 질문을 먼저 던지고 그에 대해 설명하고 답하는 형식으로 이 책을 꾸몄어요. 그러니까 질문하는 사람은 여러분이고 답변하는 사람은 저인 셈이지요.

여러분과 같이 이른바 '생각 실험'을 할 때도 있을 거예요. 실험이 무엇인지는 여러분 모두 잘 알지요? 예를 들어, 새로운 물건을 만들었는데 이것이 땅에 떨어졌을 때 깨질지 안 깨질지가 궁금한 거예요. 그럴 때는 어떻게 해야겠어요? 떨어뜨려 봐야지요. 그게 실험이에요. 실험해 보지 않고 뭔가를 진짜로 알기란 어려워요.

마찬가지로 돈을 알기 위해서는 실험이 필요해요. 그런데 전 세계를 누비고 다니는 돈을 가지고 직접 실험하는 것은 불가능해요. 하지만 다른 방법이 있어요. 머릿속으로 가상의 실험을 해 보는 거예요. 이것이 바로 생각을 통한 실험, 즉 생각 실험이에요. 보통 '사고 실험'이라는 말을 많이 쓰지만 오해하기 딱 좋은 표현이니 이 책에서는 생각 실험이라고 쓰기로 해요.

굳이 질문과 대답의 형식으로 책을 쓴 이유는 여러분이 질문하는 습관을 가지길 바라기 때문이에요. 질문할 줄 아는 건 답을 아는 것보다 훨씬 더 중요해요. 돈에 관한 질문에는 정답이 있는 것도 아니거든요. 정답이 있다면 세상에 돈으로 인한 문제는 없어야 마땅한 것 아닐까요? 하지만 여러분도 알다시피 그렇지는 않잖아요. 돈 때문에 괴로워하고 힘들어하는 사람들이 세상에는 적지 않아요.

여러분이 이 책을 보면서, "그렇구나." 하고 깨닫는 것 이상으로 "그런데 이건 왜 이렇지?" 하는 의문을 품으면 좋겠어요. 그것이 이 책에 나오는 질문이든, 혹은 나오지 않은 새로운 질문이든 간에 말이에요. 무언가에 의문을 던지는 것은 너무나 중요해요.

그런 마음가짐이 준비됐다면, 이제 본격적으로 돈에 대한 이야기 여행을 떠나 볼까요?

차 례

1

아는 사람만 아는
돈의 본질

예전에는 왜
금이나 은이
돈으로 쓰였나요?

금이나 은을 귀금속이라고 하지요? 세상에는 귀금속, 특히 금을 돈으로 삼아야 한다고 주장하는 사람들도 있어요. 금이 아닌 돈은 모조리 가짜라는 주장이지요. (이들은 같은 귀금속임에도 불구하고 은은 무척이나 싫어해요.) 옛날에는 금과 은을 돈으로 삼았지만 지금은 그렇지 않아요. 즉, 금을 돈으로 삼아야 한다는 주장은 현실성이 없어요. 그래도 금과 은을 돈으로 쓰던 시절 이야기를 좀 해 볼게요. 돈이 무엇인지 깨닫는 데 도움이 되거든요.

옛날 사람들은 귀금속으로 만든 동전을 돈으로 사용했어요. 대표적인 예로 기원전 고대 그리스 아테네의 돈이 바로 금이나 은으로 만든 동전이었지요. 금이나 은은 금속 중에서도 말랑말랑한 편이라 원하는 대로 얇게 가공할 수 있어요. 또 일부 광산에서만 나오는 탓에 구리나 철에 비해서 채굴량도 적었지요. '귀금속'이라는 말 그대로 아주 귀한 금속이었어요. 게다가 썩어 없어지지도 녹이 슬지도 않아요.

이런 특징들을 이유로 사람들은 금이나 은으로 장신구를 만들어 몸을 치장하는 것을 즐겨 했어요. 귀금속을 원하는 사람들이 있으니 귀금속을 다른 물건과 바꾸는 일도 가능했지요. 다른 물건이란 곡식, 가축, 도구, 옷감같이 생활에 꼭 필요한 물건이었어요. 귀금속에 무언가를 살 수 있는 기능이 생겨난 거예요.

이렇게 돈의 가장 큰 기능은 돈으로 다른 물건을 얻을 수 있다는 것이에요. 사람들은 물건의 소유권을 넘기는 대가로 기꺼이 돈을 받아요. 예를 들어 볼게요. 배가 고파서 식당에 갔어요. 주문한 음식을 먹었으면 돈을 내야 하잖아요. 식당 주인의 음식과 내 돈을 맞바꾸는 것이지요. 다시 말해 음식과 돈을 서로 교환한 셈이에요.

식당 주인이 자기 소유의 음식을 준 대신 돈을 받은 이유도 마찬가지예요. 돈 자체가 쓸모 있다기보다는 그 돈으로 다른 물건을 손쉽게 구할 수 있기 때문이지요. 즉, 무언가와 교환할 수 없다면 그것은 더 이상 돈이 아니라는 이야기이기도 해요. "돈이란 다른 물건으로 교환하는 것으로만 의미를 가질 수 있다."라는 말을 꼭 기억하세요.

예전에는 돈을 셀 때 무게를 쟀어요. 금이 동그란 동전이든 아니면 아무렇게나 생긴 덩어리든 상관없었지요. 과자 가게에서 저울로 무게를 재 초콜릿이나 사탕 등을 파는 것과 똑같아요. 무게가 많이 나가면 그만큼 돈이 더 많다는 뜻이었어요.

요즘 쓰이는 돈의 단위들은 대부분 무게를 재는 단위에서 유래됐어요. 영국에서 쓰이는 돈의 단위인 파운드가 대표적인 예지요. 신약 성경에 나오는 달란트라는 돈의 단위도 로마 시대의 라틴어 탈렌툼에서 나온 말로서 원래 탈렌툼은 무게를 재는 단위였어요. 지금은 유럽의 거의 모든 나라들이 유로라는 돈의 단위를 쓰지만 예전에는 나라마다 돈의 단위가 달랐어요. 그중 이탈리아 돈의 단위는 리라였는데 리라는 저울이라는 뜻을 가졌어요. 저울로 돈의 무게를 재던 데서 비롯된 단위인 것이지요.

여러분이 지금까지의 이야기를 이해하는 데 큰 어려움은 없었을 것 같아요. 사람들이 가치를 인정하는 귀금속이 있었고 그 귀금속으로 생활에 꼭 필요한 물건들을 살 수 있었다는 이야기를 했어요. 그래서 그 귀금속이 돈이 되었다는 것이지요. 지금도 가지고 있는 금괴나 은괴를 팔면 큰돈이 생기지요.

귀금속이 돈인 곳에서는 금이나 은을 얻는 것이 곧 돈을 버는 것이에요. 금광을 하나 가지면 돈이 계속 생기는 셈이지요. 그래서 한 나라의 부를 비교하는 기준으로 얼마나 많은 금을 가지고 있나를 따지던 시절도 있었어요. 금이 곧 돈이었으니까요.

이것이 돈에 대한 이야기의 끝이면 별로 고민거리가 없을 거예요. 그런데 여기에는 문제가 있었어요. 관련된 역사 이야기를 하나 해 볼게요. 투우와 플라멩코 춤으로 유명한 나라, 스페인 알지요? 스페인 사람들은 기원 후 꽤 오랫동안 이슬람교 국가의 지배를 받았어요. 그러다가 8세기부터 15세기 후반까지 나라를 되찾기 위한 독립운동을 벌여 마침내 이슬람교도들을 몰아냈어요. 그 과정에서 스페인의 힘도 강해졌지요.

스페인의 국력은 바다 너머까지 향했어요. 그 당시 인도는 금과 향료의 나라로 유럽에 알려져 있었어요. 스페인은 인도로 가는 새로운 항로를 개척하기 위해 탐험가들을 재정적으로 지원했지요. 그런데 그 결과는 뜻밖에도, 인도에 도착한 것이 아니라 아메리카를 발견한 것이었어요. 여러분이 잘 아는 크리스토퍼 콜럼버스는 이탈리아 제노바 사람이지만 스페인 여왕이 배와 선원을 제공해 준 덕분에 1492년 10월 중앙아메리카 동쪽 바다의 서인도 제도에 다다를 수 있었지요. 아메리카 대륙에 최초로 닿았다는 아메리고 베스푸치도 이탈리아 피렌체 사람이지만 스페인 선대를 이끌었어요.

원주민들을 무력으로 제압한 스페인은 아메리카에 커다란 식민지를 건설했어요. 그 과정에서 아즈텍이나 잉카, 마야 등이 멸망당했지요. 스페인의 수법은 비슷했어요. 이른바 '콩키스타도르' 즉, 정복자들은 화승총과 대포를 가지고 있다고는 해도 소수에 불과했어요. 원주민 국가의 막대한 병력을 상대로 전면전을 벌여 이길

재간은 없었어요. 그래서 호의를 가장해 왕에게 접근한 뒤 왕을 포로로 잡는 방법을 썼던 거예요. 예를 들어, 피사로가 잉카의 왕 아타우알파를 사로잡았을 때 피사로의 병력은 고작 110명의 보병과 67명의 기병에 3정의 화승총 그리고 2문의 대포가 전부였어요.

스페인의 목표는 잉카나 아즈텍 등에 있던 귀금속이었어요. 이 나라들에 금과 은이 많이 있었거든요. 피사로는 아타우알파를 사로잡은 후 방 하나는 금으로, 방 두 개는 은으로 가득 채우면 풀어 주겠다고 약속했어요. 방의 크기는 가로가 약 7미터에 세로가 약 5미터였다고 해요. 높이는 적어도 2미터는 넘었겠지요. 아타우알파는 별 어려움 없이 방 세 개를 모두 채웠지만, 피사로는 약속을 어기고 얼마 후 아타우알파를 처형했어요.

콩키스타도르들은 그런 식으로 빼앗은 금과 은을 싣고 의기양양하게 스페인으로 돌아왔어요. 1500년부터 1509년까지 10년간 스페인이 아메리카에서 빼앗아 간 금은 약 5톤이었어요. 1490년부터 10년 동안 유럽 전체에서 채굴된 금의 양이 6톤에 조금 모자랐던 사실을 감안하면 엄청난 양이지요. 스페인의 금 수탈은 점점 심해져 1540년대에는 약 25톤, 1550년대에는 무려 43톤에 가까운 금을 가져갔어요. 또한, 1540년대에 엄청난 규모의 은광을 두 군데 발굴해 1590년대에는 2,700톤이 넘는 은을 스페인으로 가져갔어.

그렇게 빼앗아 온 금과 은으로 스페인 사람들은 뭘 했을까요? 일부는 장식용으로 썼어요. 스페인의 도시 세비야에 있는 성당에

가 보면 이 당시 빼앗아 온 금이 얼마나 많았는지를 느낄 수 있어요. 눈이 휘둥그레질 정도로 성당 내부가 모두 금으로 치장되어 있는데 그 양이 무려 1.5톤이 넘어요. 2009년 기준 한국은행의 금 보유고가 약 14톤이었음을 생각해 보면 엄청난 양인 거지요.

아메리카에서 빼앗아 온 금과 은은 돈이 되어 스페인 내부를 휩쓸고 돌아다녔어요. 스페인 사람들 대부분은 예전보다 더 큰 돈을 만지게 되었지요. 결과적으로 무슨 일이 벌어졌을까요? 돈이 많아졌으니 모두가 더 잘살게 됐을까요? 그런데 결과는 그렇지 않았어요. 물건의 가격이 뛰기 시작했거든요. 1500년부터 1600년까지 100년 동안 스페인의 물가는 세 배 이상 올랐어요. 그 이전인 1400년부터 1500년까지 100년간 물가가 15퍼센트 하락했던 것에 비하면 달라도 너무 달라진 거였지요.

그게 끝이 아니었어요. 스페인은 곧 '유럽의 인도'라고 불리기 시작했어요. 인도가 영국의 식민지가 된 후 좋은 것은 영국에 다 빼앗겼거든요. 스페인이 딱 인도 꼴이 됐다는 의미예요. 인도처럼 다른 나라의 식민지가 된 것은 아니지만 좋은 걸 다 빼앗기게 된 것은 비슷했어요. 돈만 많다 보니 스페인 사람들이 더 이상 열심히 일하지 않으면서 사치스러운 생활만 계속하려 들었거든요. 아메리카에서 빼앗아 온 금과 은은 이내 다 떨어졌고, 1588년 스페인의 이른바 '무적함대'가 수적인 우세에도 불구하고 영국의 함대에 패하면서 스페인은 하염없는 내리막길을 걷게 되었지요.

돈은 많을수록
좋은 것 아닌가요?

　앞의 16세기 스페인 이야기는 금과 은 같은 돈이 많다고 무조건 좋은 것이 아니라는 역사적 사례예요. 하지만 아직도 왜 돈이 많은 것이 문제인지 고개를 갸우뚱거릴 사람도 있을 것 같아요. 왜 그런지 생각 실험을 통해 알아보자고요.

　먼저 한 나라를 머릿속으로 상상해 봐요. 그곳에 사는 많은 사람들과 회사들이 있겠지요? 그걸 일일이 따지려 들면 너무 복잡해요. 그러니 두 사람만 산다고 가정해 봐요. 첫 번째 사람은 물고기를 잡는 어부예요. 두 번째 사람은 어부가 쓰는 그물을 만드는 기술자예요. 둘은 서로가 서로에게 꼭 필요해요. 기술자의 그물이 없으면 어부는 물고기를 잡을 수 없고, 어부의 물고기가 없으면 기술자는 굶어 죽으니까요. 둘은 각각 그물을 만들고 물고기를 잡으면서 행복하게 잘 살아요. 먹을 것이 없어서 굶주리지도 않지요.

그런데 이 나라에 세 번째 사람이 나타나요. 이 사람은 돈을 가졌어요. 즉, 금화를 가지고 온 거예요. 세 번째 사람은 어부에게 금화를 줄 테니 물고기를 달라고 요구해요. 금화의 가치가 높으니 많은 양의 물고기를 달라고요. 하지만 어부는 시큰둥해요. 금화가 보기에는 좋아 보여도 막상 쓸모가 없으니까요. 어부는 자신에게 필요한 물고기와 그물을 이미 충분히 얻을 수 있지요.

세 번째 사람은 기술자에게도 비슷한 요구를 해요. 금화로 그물을 사겠다는 거지요. 그런데 시큰둥하기는 기술자도 마찬가지예요. 기술자에게 필요한 건 물고기인데 물고기는 자신이 만든 그물을 어부에게 주고 충분히 얻을 수 있어요. 금화를 받아 봐야 쓸 데가 없는 거예요.

이쯤에서 한번 질문을 던져 보자고요. 세 번째 사람이 가져온 금화의 양이 얼마냐에 따라 달라지는 점이 있을까요? 아무것도 없지요. 금화로 쓸모 있는 물건을 구하지 못한다면 금화가 열 닢 있든 혹은 몇 부대 있든 똑같아요.

바꾸어 이야기하면 이런 거예요. 돈으로 사용되는 귀금속이 얼마나 있든 간에 그것으로 유용한 물건을 확보할 수 없다면 귀금속은 길에 굴러다니는 돌멩이와 전혀 다를 바가 없어요. 다시 말하자면, 한 사회의 돈이 얼마나 있는지와 관계없이 그 사회에서 쓸모

있는 물건의 총량은 변함이 없어요.

돈은 그 자체로 가치가 있는 것이 아니라 다른 물건과 교환이 가능할 때만 의미가 있다는 것을 꼭 기억하길 바라요.

이번에는 세 번째 사람이 가져온 금을 어부가 돈으로 받아 준다고 가정해 봐요. 돈으로 받아 준다는 것은 물고기와 바꿔 준다는 뜻이에요. 예를 들어, 물고기 한 마리와 금화 한 닢을 맞바꾼다고 해 봐요. 세 번째 사람이 원래 들고 온 금화가 열 닢이었다면 이제 세 번째 사람은 금화 아홉 닢과 물고기 한 마리를 가지고 있겠지요.

처음에는 어부가 재미 삼아서 금화 한 닢을 받고 물고기 한 마리를 넘겨주어요. 하지만 이제 이 반짝거리는 돌멩이는 더 이상 신기하지도 흥미롭지도 않아요. 그래서 세 번째 사람이 또 물고기를 달라고 금화 한 닢을 내밀었을 때 싫다고 거절해요. 쓸 데가 없으니까요. 배가 고픈 세 번째 사람은 금화를 더 주겠다고 할 수밖에 없어요. 그게 물고기 한 마리당 두 닢일지 세 닢일지 알 수는 없지만 이런 식으로 가다가는 세 번째 사람은 가진 금화를 곧 모두 잃고 말겠지요.

그런데 세 번째 사람이 가져온 금화가 열 닢이 아니라 천 닢이었다고 해 봐요. 가지고 있는 금화가 많은 만큼 물고기랑 바꾸는 금화 개수를 더 쉽게 늘리려고 들 거예요. 예를 들어, 물고기 한 마리를 금화 백 닢과 바꿀 수도 있겠지요. 세 번째 사람이 가져온 금화의 수가 만 개라면 물고기 한 마리에 금화 천 닢이라는 가격이 붙는 것도 전혀 불가능한 일은 아닐 듯싶어요.

이게 무슨 뜻일까요? 금화가 많을수록 물건의 가격은 올라가기 쉽다는 거예요. 바꾸어 이야기하면 나라 안에 돈이 많을수록 물가는 높아질 수밖에 없다는 거지요. 반대로 돈이 부족하면 물건의 가격은 떨어지기 마련이에요. 물건과 바꿀 돈이 많지 않은 만큼 물가도 낮아지는 거지요.

그러면 물고기 한 마리의 가격이 금화 한 닢일 때와 백 닢일 때를 비교해 봐요. 물고기를 파는 어부 입장에서 물고기가 백 닢에 팔리면 더 좋을까요? 얼핏 생각하면 그럴 것 같지요. 하지만 조금만 더 생각해 보면 꼭 그렇다는 보장이 없다는 걸 깨달을 수 있어요.

물고기를 한 마리 팔고 금화를 백 배 더 받으면 그만큼 부자가 된 것처럼 느끼기 쉽지요. 하지만 그게 세 번째 사람이 당초에 가져온 금화가 천 개냐 아니면 만 개냐에 따른 문제일 수가 있잖아요. 어느 쪽이든 간에 다시 물고기와 바꾸고 보면 결국 원래의 물고기 한 마리일 뿐이니까요. 달라진 것이 아무것도 없는 셈이에요. 괜히 가격만 높아 보일 뿐인 것이지요.

그러니까 겉으로 보기에 돈이 많다고 해서 무조건 좋다고 볼 수는 없어요. 나라 전체로 봐도 그렇고 한 개인으로 봐도 마찬가지예요. 내가 가진 돈이 얼마냐가 중요한 것이 아니라, 그 돈이 전체 돈 중에 얼마만큼이며 또 그 돈으로 무엇을 할 수 있느냐가 훨씬 더 중요하지요.

어떤 면에서는 돈이 너무 많은 것이 문제의 근본 원인일 수도 있어요. 특히 나라 전체로 보면 말이에요. 16세기 스페인의 경험은 좋은 증거예요. 문제는 그런 일이 그때 한 번으로 끝난 게 아니라는 점이지요.

왜 국가가
돈을 만들게 되었나요?

이쯤에서 돈은 누가 만드는가 하는 질문을 던져 볼까 해요. 앞에서 본 스페인의 경우대로라면 광산에서 금이나 은을 캐는 사람이 돈을 만드는 사람이겠지요. 귀금속을 돈으로 쓰던 시절에는 실제로 사람들이 금을 찾아 몰려들기도 했어요. 미국 서부의 캘리포니아는 바로 금 때문에 생긴 주예요. 캘리포니아의 별칭이 '골든 스테이트Golden State'니 말 다 했지요.

1840년대만 해도 캘리포니아는 인구 1만 5,000명 정도가 사는 거친 황무지에 불과했어요. 그런데 1848년, 현재 캘리포니아의 주도인 새크라멘토 부근의 개천에서 금이 발견됐어요. 개천 바닥의 모래를 걸러 얻는 사금이 그 지역에 대량으로 존재했던 거예요. 미국 전역에 소문이 퍼지면서 일확천금을 쫓는 사람들이 캘리포니아로 몰려들었지요. 이를 일컬어 '골드러시Gold Rush'라고 해요.

특히 1849년 한 해 동안 미국 동부와 전 세계에서 약 10만 명의 사람들이 금을 찾아서 왔어요. 그 수가 워낙 많았기에 특별히 이들을 가리켜 '포티나이너스49ers'라고 불러요. 오늘날 샌프란시스코를 본거지로 하는 프로 미식축구 팀의 애칭이기도 한 포티나이너스는 1849년에 온 사람들이라는 뜻이에요. 이들 때문에 인구가 늘어난 캘리포니아는 1850년 미국의 주로 승격됐어요. 1851년 캘리포니아의 금 생산량은 85톤가량으로 당시 미국 달러로 환산하면 약 5,700만 달러에 해당됐지요. 그해 미국의 연방 예산인 4,800만 달러보다 더 큰 돈이었어요. 그러나 사금은 곧 바닥났고 1853년 금 사냥꾼들은 대부분 빈털터리로 캘리포니아를 떠났어요.

캘리포니아에서 캐낸 금이 아무런 문제가 없었을까요? 왜 없었겠어요. 금을 쫓아 몰려든 사람들은 좋게 이야기하면 모험가고, 나쁘게 이야기하면 투기꾼이었어요. 더 나쁘게 이야기하면 부랑자나 무법자들도 적지 않았어요. 이들에게는 법보다 총이 먼저였어요. '거칠고 거친 서부Wild Wild West'라는 말이 괜히 나온 게 아니었던 거지요. 그런데 거친 사람들이 많다는 것보다도, 이 사람들이 캐낸 금이 많다는 것이 더욱 큰 사회적 문제가 되었어요. 이때 채굴된 금 때문에 미국 전역은 한바탕 홍역을 치렀거든요. 물가가 오르고 땅값이 뛰는 등 16세기의 스페인이 거쳤던 일을 고스란히 겪었어요.

　정상적으로 돈을 벌지 않고 돈을 직접 만드는 사람은 사회의 골 칫거리가 돼요. 앞의 생각 실험을 떠올려 봐요. 세 번째 사람이 가 져온 금화의 양은 물고기와 그물에 아무런 영향을 미치지 못하면 서 단지 가격만 바꾸어 놓을 뿐이었어요. 돈의 양이 많아지면서 물 가만 올라갔지요. 캘리포니아의 금 사냥꾼들도 마찬가지였어요. 본인들은 금을 캐는 게 돈을 버는 일이라고 생각했겠지만 이는 단 지 사회 전체의 돈을 쓸데없이 늘리는 일이었어요.

　사람들이 이런 폐해를 모르지는 않았어요. 귀금속을 돈으로 쓰 다 보니 광산 채굴이나 외국으로부터의 유입 등으로 돈이 갑자기 느는 게 문제라는 것을 파악했지요. 그리고 이를 해결하려면 귀금 속이 아닌 다른 것을 돈으로 정하거나 혹은 돈의 총량을 국가가 나서서 통제하고 관리해야 한다는 사실을 깨달았어요.

　돈의 총량을 국가가 관리하려는 과정에서 동전과 지폐가 본격 적으로 제작되기 시작했어요. 동전은 금이나 은보다 더 흔하고 싼 재료인 구리로 만든 돈이에요. 미국의 경우 1792년 의회의 결정에 의해 세워진 미국 동전 주조소가 미국 내에서 사용되는 동전을 독 점적으로 만들고 있어요. 미국 동전 주조소는 1873년 재무부의 한 부서로 편입됐지요.

　귀금속 돈과 동전은 생긴 건 비슷하지만 성격상 큰 차이가 있어 요. 귀금속 돈이 돈으로 인정받는 것은 금과 은이 시장에서 대개 비싼 값으로 팔리는 데 원인이 있어요. 다시 말해 금화나 은화 자체의 가치 때문이에요. 반면 동전은 달라요. 동전의 가치와 그 재료인 구리 자체의 가치는 별개예요. 예를 들어, 미국의 1센트 동전은 순도 높은 구리로 만드는데 구리 값이 계속 오르다 보니 재룟값이 1센트보다 더 높아요. 돈을 벌 기회가 눈에 띄기만 하면 상어처럼 달려드는 미국의 헤지펀드 중에는 1센트 동전만 대량으로 계속 모으는 곳도 있어요. 지금 당장은 불법이지만 언젠가 기회가 되면 이걸 녹여 되팔 생각인 거예요. 우리나라에서도 10원짜리 동전으로 비슷한 일을 실제로 벌였던 사람이 있었어요. 어떻게 됐냐고요? 감옥에 갔어요. 완벽한 불법이거든요.

동전이 돈으로 쓰이는 이유는 국가가 강제적으로 동전을 돈으로 지정했기 때문이에요. 바로 앞에서 미국 동전 주조소가 동전을 독점적으로 만든다고 했지요? 아무나 동전을 흉내 내서 만든다고 해서 돈이 되는 게 아니라는 이야기예요. 누군가 그런 시도를 하면 미국 정부는 재무부 수사관이나 경찰을 보내 다 체포할 거예요. 말하자면, 무엇이 돈이 되는지를 정하는 권한은 국가에 있다는 이야기지요.

지폐는 동전보다 더 노골적으로 돈에 관한 국가의 힘을 보여 줘요. 동전은 구리 값이라도 있지만 지폐는 종이 값이 거의 없다고 봐도 될 정도니까요. 종이 쪼가리에 숫자를 얼마간 써 놓고는 "앞으로는 이게 돈이오."라고 한 것이잖아요. 우리가 쓰고 있는 지폐가 실제로 그래요. 미국은 동전 주조소와 별개로 지폐만 만드는 인쇄국이 따로 있어요. 인쇄국 또한 재무부 소속이에요. 인쇄국의 인터넷 주소는 흥미롭게도 'moneyfactory.gov'예요. 돈을 만드는 공장이라는 뜻이지요.

여기까지가 물리적 실제를 가진 돈을 누가 만드나에 대한 내용이에요. 예전에는 귀금속을 돈으로 삼았는데 총량 조절이 안 되는 문제가 있었지요. 그 대안으로 국가가 책임지고 만든 지폐와 동전을 공식적인 돈으로 지정하는 방식으로 바뀌었어요. 이것이 현재 우리가 살고 있는 세상의 시스템이에요.

그럼 이 시스템에는 아무런 문제가 없을까요? 지금의 시스템도 완벽하다고 이야기하기는 어려워요. 예를 들어, 국가가 지폐를 무턱대고 많이 발행하면 금화가 너무 늘어나 엉망이 됐던 16세기의 스페인이나 19세기의 미국과 같은 꼴이 될 수 있겠지요? 하지만 이를 통제하기 위한 제도적 장치를 잘 마련하면 해결하지 못할 문제는 아니에요.

돼지 저금통과 은행은
어떻게 다른가요?

여러분은 은행 하면 무엇이 먼저 생각나나요? 아마도 저축이나 예금을 떠올리겠지요? 어렸을 때부터 저축을 위한 방법으로 은행 예금 이야기를 들었을 테니까요.

흔히 아는 저축의 방법에는 크게 두 가지가 있어요. 하나는 돼지 저금통을 마련하는 것이고 다른 하나는 은행에 가서 예금 계좌를 만드는 거예요. 돼지 저금통에 동전이나 지폐를 넣어 두면 돈을 모을 수 있어요. 통째로 도둑맞지 않는 한 돈이 없어지지 않으니까요. 게다가 돼지 저금통을 깨뜨리지 않는 한 중간에 돈을 꺼낼 일도 거의 없지요. 돼지 저금통이 꽉 찬 후에 열어 보면 꽤 많은 돈을 얻을 수 있어요.

다른 방법인 은행 예금은 약간 더 귀찮아요. 우선 본인임을 증명할 수 있는 서류와 도장 등을 가지고 은행 지점에 가야 해요. 필요한 서류를 작성하고 예금할 돈을 내면 조금 있다가 예금 통장을 만들어 주지요. 통장을 보면 내가 낸 돈이 숫자로 기록되어 있어요. 나중에 저축할 돈이 더 생기면 은행에 가서 같은 방법으로 예금하면 돼요. 그 예금의 종류가 저축 예금이라면 돼지 저금통과 달리 예금한 돈의 일부를 아무 때나 찾을 수 있어요. 은행에 가야 하는 수고스러움은 있지만 돈을 잃어버릴 염려가 거의 없기 때문에 사람들은 예금을 많이 이용해요.

돼지 저금통과 은행 예금의 또 다른 차이점은 무엇일까요? 가장 큰 차이점은 돼지 저금통은 저축한 돈만 남아 있지만 예금은 그 돈에 약간의 이자가 붙는다는 점이에요. 은행 예금의 이자는 사실 아주 적어요. 아무 때나 찾을 수 있는 저축 예금의 경우, 2017년 기준으로 100만 원을 1년간 두면 1,000원 정도 생겨요. 1년 동안 찾지 못하는 정기 예금의 경우, 1만 원 정도 생길 뿐이에요. 그래도 아무것도 생기지 않는 쪽보다는 조금이라도 생기는 쪽이 더 낫겠지요.

돼지 저금통과 은행 예금의 공통점에 저축의 수단이라는 사실 말고 또 다른 게 있을까요? 예, 하나 더 있어요. 바로 둘 다 영어로 뱅크bank라는 단어가 들어간다는 점이에요. 뱅크를 우리말로 하면 은행이 되는데, 돼지 저금통은 영어의 피기 뱅크piggy bank를 번역한 것이거든요. 피기는 영어권 어린이들이 돼지pig를 귀엽게 부르는 말

이에요. 그러니까 영어를 그대로 옮겼다면 '돼지 은행'이었겠지요.

왜 돼지일까 혹시 궁금한가요? 원래 피기 뱅크에는 돼지라는 뜻은 없었어요. 중세 때 영국 사람들은 돈을 항아리에 넣어 두었어요. 금화를 보관하기도 쉽고 꺼내 쓰기도 편하니 저금통으로 제격이었지요. 그런데 항아리를 만드는 데 주로 쓰던 재료에 피그**pygg**라는 찰흙이 있었던 거예요. 즉, 피그 항아리에 돈을 모으던 관습이 이어지다가 18세기쯤에 그 이름이 피그 뱅크로 바뀌었고 친근하게 피기 뱅크로 불리게 되었어요.

알고 보면 은행을 뜻하는 영어 단어 뱅크도 어원이 흥미로워요. 옛날 이탈리아어로 탁자라는 뜻을 가진 단어와 옛날 독일어로 벤치라는 뜻을 가진 단어에서 유래했거든요. 원래 뱅크에는 돈과 관련된 의미가 전혀 없었어요. 그러면 왜 뱅크에 은행이라는 뜻이 생겼을까요? 이유는 유태인 고리대금업자들이 탁자를 놓고 벤치에 앉아 돈을 빌려주고 바꾸어 주는 일을 했기 때문이에요. 쉽게 말해 탁자와 벤치가 뱅크가 된 거지요.

부도난 상태를 뜻하는 영어 단어 뱅크럽트**bankrupt**도 뱅크의 어원과 관련이 있어요. 그 당시에는 고리대금업자들에게 돈을 맡겼다가 돌려받지 못하는 일이 종종 벌어졌어요. 이를테면, 사기를 당한 셈이었지요. 돈의 주인은 화를 참지 못해 탁자를 집어 던져 부수어 버렸어요. '부서진'이라는 뜻의 이탈리아어 로타**rotta**가 뱅크와 합쳐져 뱅크럽트로 바뀐 거예요.

말이 나온 김에 왜 우리가 은행銀行이라는 단어를 쓰고 있는지도 이야기해 볼까요? 옛날에는 금화를 돈으로 사용하는 경우가 많았다는 점을 생각하면 '금행'이 더 어울릴 법도 하잖아요? 금이 아닌 은이라는 글자를 쓰는 이유는 이 단어가 중국에서 온 단어이기 때문이에요. 전통적으로 중국은 금보다는 은을 돈으로 많이 썼거든요. 은행이라는 단어 자체는 19세기 태평천국의 난 때 만들어졌어요.

그런데 알고 보면 '행'은 잘못된 발음이에요. 정확한 발음은 '항'이지요. 같은 한자여도 동사로 '다니다'의 뜻일 때는 '행'으로 발음하지만 명사로 '줄' 혹은 '가게'의 뜻일 때는 '항'으로 읽어야 하거든요. 전자의 예로 행진이 있다면 후자의 예로는 항렬이 있지요. 중국에서는 '은항', 즉 은(돈) 가게라는 뜻으로 이 단어를 만들었는데, 우리나라에서는 '은이 (들락날락) 다니다.'라는 뜻으로 잘못 이해하면서 '은행'이 된 것이에요.

대출 이자율은 왜
예금 이자율보다 높아요?

　앞에서 잠깐 나왔듯 2018년 현재 전 세계 각국의 은행 예금 이자율은 꽤 낮아요. 우리나라도 예외는 아니어서 돈을 1년 동안 정기예금에 두면 1.5퍼센트 정도의 이자를 받을 뿐이에요. 10만 원을 저금하고 1년이 지나면 이자로 1,500원 정도 생기는 거지요. 예전에 이자율이 높을 때는 1년에 10퍼센트 이상 되기도 했어요. 그 정도까지는 안 되더라도 보통 1년에 3퍼센트에서 5퍼센트 정도는 됐지만, 2008년 세계 금융 위기 이후 낮아져 여태껏 그대로예요.

　예금 이자율이 낮으면 무슨 일이 벌어질까요? 가장 먼저 예금에 생기는 이자가 줄어들어요. 예금을 가지고 있는 사람들이 싫어할 일이지요. 그 수가 많지는 않지만 직업이 없는 채로 예금 이자로 사는 사람들도 일부 있어요. 이들을 보통 이자 생활자라고 부르지요. 예금 이자율이 낮아질수록 이자만으로 생활하기는 어려워질 거예요. 어쩔 수 없이 예금의 원금을 조금씩 까먹으면서 살다 보면 결국에는 예금이 바닥나겠지요.

또 사람들이 새로 저축을 안 하려고 들 수도 있어요. 은행에 돈을 맡기면 이자가 듬뿍 생기는 걸 당연하게 여길수록 이자율이 낮을 때 저축하고 싶지 않을 거예요. 어쩐지 손해 보는 느낌도 들 거고요. 어차피 이자도 얼마 안 되니 차라리 지금 당장 돈을 써 버릴지도 모르지요. 결국 사람들이 예전보다 저축을 덜 하게 될 가능성이 높아져요.

그럼에도 불구하고 연 0퍼센트에 가까울 정도로 낮은 예금 이자율을 유지하는 이유가 무엇일까요? 그 이유는 크게 두 가지예요.

첫 번째 이유는 말 그대로 국가가 사람들이 저축을 그만하기를 원해서예요. '저축을 그만하라니, 그게 말이 되는 이야기야?' 싶을 수도 있어요. 물론 국가가 노골적으로 "이제는 저축 그만하세요." 하고 이야기하지는 않아요. 다른 식으로 돌려서 말하지요. 예를 들면, "소비를 진작해야 한다."라고 말하는 거예요. 경기가 불황이니 돈을 더 쓰라는 의미인데, 결국은 국가 전체에 예금이 너무 많으니 "이제 좀 돈을 써 줄래?" 하는 것과 다르지 않아요.

저축은 개인이 돈을 모을 수 있는 가장 기본적인 방법이에요. 사람들이 돈을 모으는 이유는 불확실한 미래를 대비하기 위해서, 그리고 주변 환경에 휘둘리지 않을 경제적 자유를 얻기 위해서지요. 부모로부터 막대한 유산을 물려받지 않는 한 저축하지 않고 재산을 모을 수는 없어요. 그런데도 국가가 나서서 저축을 그만하고 이제는 가지고 있는 돈을 쓰라고 하는 건 뭔가 이상한 일이 벌어지고 있는 거예요.

일본은 바로 이와 같은 일을 20여 년째 겪고 있어요. 1990년대 초반 경기 불황이 닥치자 일본은행은 이자율을 연 0퍼센트에 가깝게 내렸어요. 그래서 일본 사람들이 예금을 해지해서 돈을 막 쓰기 시작했을까요? 결코 그러지 않았어요. 물론 이자를 거의 못 받는 게 기분 좋은 일은 아니었겠지요. 하지만 "에라, 모르겠다. 있는 돈이나 펑펑 쓰다가 죽어야지." 하고 생각한 사람은 별로 없었어요. 정상적인 일본 사람들의 반응은 "앞으로 어떤 일이 벌어질지 모르니, 가지고 있는 돈을 더욱 아껴 써야겠어."였어요. 20년 넘게 지금까지도 그러고 있어요. 따라서 앞의 첫 번째 이유는 그럴싸하게 들리지만 사실 현실에서는 통하지 않아요.

두 번째 이유는 사람들이 대출을 더 많이 하기를 원해서예요. 조금 어리둥절하게 들리는 이야기일지도 모르겠네요. 대출은 은행이 돈을 빌려주는 것을 말해요. 개인이나 회사가 은행에서 돈을 빌리면 원금뿐만 아니라 이자도 갚아야 해요. 반드시 그러한 것은 아니지만 예금 이자율이 낮을 때는 대개 대출 이자율도 그만큼 낮아요. 갚아야 하는 대출 이자가 적을수록 돈을 더 쉽게 빌릴 것이라는 생각이지요. 다시 말해 사람들에게 빚을 더 많이 지라고 하는 것이에요.

왜 빚을 지라고 하는 걸까요? 표면적인 이유는 첫 번째 이유 때와 같아요. 경기가 불황이니 돈을 더 쓰라는 거지요. 대출 이자율이 낮은 만큼 돈을 더 많이 빌려서 소비하라는 거예요. 그렇지만 이렇게 빌린 돈은 대개 나중에 문제가 돼요. 대출 이자는 얼마 안될지 몰라도 써 버린 원금은 언젠가는 갚아야 될 돈이에요. 정상적인 사람들이라면 단지 대출 이자율이 낮다는 이유만으로 돈을 빌려 소비해 버리지 않아요. 두 번째 이유 또한 의도와는 달리 현실에서는 잘 통하지 않는 까닭이 여기에 있지요.

앞에서 이미 잠깐 언급했듯 은행의 이자율에는 예금 이자율과 대출 이자율이 있어요. 이 둘은 서로 달라요. 둘 중에 뭐가 더 높을까요?

바로 대출 이자율이에요. 그래야 은행이 돈을 벌 수 있으니까요. 은행이 돈을 빌려주면 대출 이자율만큼 돈을 벌어요. 그런데 은행이 돈을 빌려주려면 우선 돈을 빌려 와야 돼요. 원래부터 은행에 돈이 있었던 게 아니라는 이야기지요. 돈을 빌려 와서 그 돈을 다시 빌려주는 거예요.

그러면 은행은 돈을 어떻게 빌려 올까요? 바로 예금이 은행이 돈을 빌리는 방법이에요. 돈을 빌린 대가로 예금 이자를 지급하는 것이고요. 예금 이자는 은행 입장에서는 비용인 셈이에요. 그러니까 100이라는 돈을 연 1퍼센트의 예금 이자율을 주면서 빌려와 연 6퍼센트의 대출 이자율에 다시 빌려주는 식이에요. 두 이자율의 차이인 연 5퍼센트가 은행의 이익인 것이지요. 이를 '예대 마진'이라고 부르기도 해요. 예금 이자율과 대출 이자율의 차이라는 뜻이에요.

은행의 예금 이자율과 대출 이자율은 누가 정하는 걸까요? 혹시 국가가 정하는 게 아닐까 생각하기 쉬워요. 앞에서도 국가가 나서서 저축을 그만하도록 유도한다고 설명했으니까요. 하지만 정답은 "은행이 정한다."예요. 특히 대출 이자율은 국가가 끼어들 여지가 거의 없는 구조예요.

요즘은 예금 이자율이 낮다 못해 아예 마이너스인 경우도 있어요. 유로를 사용하는 유럽 국가들과 스웨덴, 덴마크, 스위스, 일본 등이 그러해요. 스웨덴의 경우, 연 이자율이 마이너스 1퍼센트보다도 낮아요. 이자율이 마이너스라는 말은 은행에 돈을 맡기면 이자를 받는 게 아니라 오히려 이자를 은행에 주어야 된다는 뜻이에요. 다시 말해 1만 원을 맡겼다가 나중에 찾으면 1만 원보다 적은 돈을 돌려받아요. 이자율이 연 0퍼센트일 때 통하지 않던 이유가 이자율이 마이너스라고 해서 통할까요? 지금까지의 상황을 살펴보았을 때 효과는 그리 크지 않은 것 같아요.

곰곰이 생각해 보면, 예금 이자율이 연 0퍼센트라고 해도 저축을 해야 하는 필요성이 사라지지는 않아요. 이자를 받는 것이 돈을 모으는 이유는 아니니까요. 예금 이자율이 마이너스면 예금을 들지 말고 집에 돈을 쌓아 놓는 방법도 있겠지요. 어느 쪽이든 돈은 일차적으로는 쓰지 않고 아껴야지 모여요. 이자란 이렇게 모인 원금에 더해진 작은 부분에 불과하고요. 그러한 점에서 저축의 필요성이 예금 이자율에 따라 달라진다는 일부 경제학자들의 주장은 현실과 상당히 동떨어져 있어요.

은행의 대출이
하는 역할은
무엇인가요?

    은행은 예금을 하는 곳으로 많이들 생각하지요? 하지만 예금은 은행이라는 동전의 한 면에 불과해요. 동전의 반대 면인 대출이 없다면 예금은 설 땅을 잃지요. 은행이 빌려주는 돈의 거의 대부분은 예금을 통해 빌려 온 돈이에요. 빌려 온 돈을 빌려주는 것이 대출이라는 이야기지요. 경우에 따라서는 없는 돈을 빌려주기도 해요. 이쯤 되면 평양의 대동강 물을 팔아서 돈을 벌었다는 봉이 김선달과 다를 것이 별로 없어 보여요.

    그러면 예금과 대출 중 어느 쪽이 더 은행에 본질적인 행위일까요? 하나를 골라야 한다면 대출을 골라야만 해요. 사람들의 돈을 맡아서 보관해 주는 예금은 사회 전체로 봤을 때 누군가 맡아서 해야 할 공공 서비스에 가깝지요. 반면 대출은 자본주의 시스템을 유지하는 핵심이에요. 비유하자면 은행의 대출은 자본주의 시스템에 대한 산소 호흡기라고 볼 수 있어요. 떼 버리면 자본주의는 당장 호흡을 멈추어 버릴 정도지요. 은행의 본질은 바로 돈을 빌려주는 데 있어요.

뉴스를 통해 "시중에 돈을 푼다."라는 말을 자주 접할 수 있어요. 텔레비전 뉴스에서는 기계가 지폐를 인쇄하고 있는 장면을 보여주고는 하지요. 하지만 진짜로 중요한 돈은 그게 아니에요. 지폐나 동전보다 더 중요한 돈, 그건 바로 은행의 대출이에요. 뒤의 2부에서 좀 더 자세히 이야기하겠지만 신용이라는 말도 쓰지요. 대출과 신용은 같은 이야기예요. 대출은 신용을 만들어 내는 행위거든요. 그래서 대출로 생겨난 돈을 표현할 때 '신용 돈'이라는 말도 써요.

왜 대출이 돈인지 같이 생각해 봐요. 내가 은행에서 돈을 빌리면 무슨 일이 생길까요? 다음 둘 중의 한 가지는 확실히 생겨요. 하나는 빌린 돈을 현금으로 받는 거예요. 받은 현금만큼 시중에 돌아다니는 돈이 늘어난 셈이지요. 또 다른 하나는 빌린 돈이 은행 예금 계좌에 들어오는 거예요. 예금 계좌에 들어온 돈은 언제든지 현금으로 찾을 수 있겠지요? 결국 현금으로 받는 것과 똑같은 결과인 거지요.

즉, '시중에 돈을 푼다.'라는 말은 은행 대출이 많아지게 한다는 뜻이에요. 특히 대출 이자율을 낮추어서 돈을 빌리려는 사람이 늘

어나도록 유도하는 것이지요. 앞에서 정상적인 사람이라면 단지 대출 이자율이 낮다는 이유만으로 돈을 빌려 소비해 버리지는 않는다고 했지요. 그래서 정부가 사람들이 대출을 더 많이 하기를 원해서 사용하는 방법이 현실에서는 통하지 않는다고 했어요. 그래도 대출을 선택하는 사람들이 있기는 있어요. 그렇게 늘어난 대출 금액만큼 시중의 돈 또한 증가하지요. 이렇게 늘어난 돈을 잘 관리하지 않으면 앞의 스페인이나 캘리포니아의 경우가 재현될 수밖에 없어요. 금 같은 실물 돈은 총량이 정해져 있어서 그나마 관리가 쉬워요. 하지만 은행 대출로 생기는 신용 돈은 총량이 거의 무제한에 가까워요. 이런 이유 때문에 돈과 관련된 거의 모든 문제의 배후에는 바로 은행이 있는 셈이에요.

돈을 빌려주는 행위가 은행만 할 수 있는 일은 아니에요. 친구들 사이에서도 돈은 빌리고 빌려줄 수 있잖아요. 또 은행이 아닌 보험사나 증권사 같은 금융 회사도 돈을 빌려주지요. 대출을 전문으로 하는 대부업체도 있고요. 하지만 사회 전체로 보면 은행의 대출이 가장 크고 결정적이에요. 대출을 이야기할 때 은행을 먼저 떠올리는 것은 그런 이유 때문이에요.

돈을 빌려주고 이자를 받는 고리대금업자의 존재는 은행보다 앞서요. 기원전 18세기 바빌로니아의 함무라비 법전에 은을 빌려주었을 때 받을 이자에 대한 기록이 나올 정도예요. 일부 사람들은 이를 보고 "고리대금업은 인류의 역사에서 두 번째로 오래된 자연스러운 직업이다."라고 말하기도 해요. 이들이 염두에 두고 있는 가장 오래된 직업은 성에 관련된 일이지요. 과거부터 있었다는 이유로 모든 것이 정당화될 수는 없다는 생각이 들지 않나요?

고리대금업자에게는 형편이 어려운 사람을 상대로 불로 소득을 거두는 악덕 상인이라는 이미지가 늘 있었어요. 셰익스피어의 희곡 『베니스의 상인』에 나오는 샤일록이나 도스토옙스키의 소설 『죄와 벌』에 나오는 전당포 노파가 그 예지요. 고려 시대 때는 장리라 하여 10두의 곡식을 빌리면 3두에서 5두의 곡식을 추가로 갚아야 했어요. 장리는 민란과 폭동이 주기적으로 일어나게 만드는 원인이기도 했지요.

모든 사람들이 대출 이자를 당연시했던 건 아니에요. 아리스토텔레스는 "소는 새끼를 낳을 수 있으므로 빌려 온 소가 낳은 송아지를 소 주인에게 돌려주는 게 정당하다. 하지만 돈은 새끼를 낳을 수 없으므로 돈을 빌려주고 대가(이자)를 받는 것은 옳지 않다."라는 의견을 밝혔어요. 금이나 은이 저절로 불어날 리가 없다는 사실을 생각해 보면 일리가 있는 말이에요. 가톨릭 신부였던 토마스 아퀴나스는 "이자는 그 자체로 불공정하며 정의에 반하는 불평등한 결과를 초래한다."라고 썼지요. 단적으로 성경에도 이자를 받지 말라는 구절이 반복해서 나와요.

한국은행, 시중 은행,
저축 은행은
어떻게 다른가요?

은행의 본질이 무엇인지 앞에서 알아보았어요. 그런데 은행이라는 이름을 가지고 있는 곳은 꽤 많아요. 여러분이 들어 보았을 만한 곳 중에는 한국은행, 시중 은행, 저축 은행 등이 있지요.

이들 사이에는 공통점과 차이점이 있어요. 노골적으로 이야기하자면, 한국은행 직원은 한국은행이 시중 은행이나 저축 은행과 비교된다는 사실 자체를 기분 나빠할 것 같아요. 시중 은행의 직원도 저축 은행에 대해서 "저축 은행은 사실 은행이 아닌데 말이야!" 할 거예요. 이들 간에는 일종의 위계 아닌 위계가 있거든요.

한국은행은 우리나라에서 쓰는 돈, 즉 원화 지폐와 동전을 발행하는 권리를 독점하고 있어요. 이와 관련해 한국은행법이라는 법이 별도로 존재하지요. 조폐 공사는 한국은행을 대신해 지폐와 동전을 제작만 할 뿐인 것이고요.

한국은행같이 나라의 돈을 발행하는 곳을 중앙은행이라고 불러요. 중앙은행은 나라마다 하나씩 존재하는 특수한 은행이에요. 일본은 일본은행이, 영국은 영국은행이 중앙은행이에요. 한편 프랑스와 독일을 포함한 유럽의 여러 나라들은 특이하게도 유로라는 공동의 돈을 써요. 유로를 만드는 유럽 중앙은행은 어느 한 나라에 속해 있지는 않고 유럽 연합에 속해 있어요.

시중 은행은 여러분에게 가장 친숙한 은행들로, 예금 계좌를 만들고 현금 카드로 돈을 찾을 수 있는 곳이에요. KB국민은행, 신한은행, KEB하나은행, 우리은행 등이 그 예지요. NH농협은행과 같이 협동조합에서 분리된 은행도 시중 은행에 속해요. 시중 은행은 상업 은행이라고도 불려요. 사람들이 돈을 맡기고 또 빌리기도 하는 은행이라는 의미예요. 즉, 대출을 통해 신용 돈을 만들어 내는 주역은 바로 상업 은행들이에요.

저축 은행은 상호 신용 금고로도 불리고 특히 미국에서는 저축 대부 조합으로 불리기도 해요. 하는 일이 상업 은행과 크게 다르지는 않아요. 사람들로부터 예금을 받고 또 그렇게 받은 돈으로 대출을 해서 예금 이자율과 대출 이자율의 차이를 통해 수익을 올려요. 하지만 회사의 규모가 작지요. 그래서 상업 은행보다 위험할 수 있어요. 즉, 망할 가능성이 더 크다는 이야기예요. 1980년대 미국에서는 이들 저축 대부 조합이 줄줄이 파산하면서 커다란 문제를 일으켰어요.

미국의 저축 대부 조합 사태는 좀 더 자세히 이야기할 필요가 있어요. 이 일은 1920년대로 거슬러 올라가요. 당시에는 은행 마음대로 예금 이자율을 정할 수 있었어요. 그랬더니 예금을 더 많이 받으려고 은행들이 서로 경쟁적으로 이자율을 올려 댔어요. 특히 규모가 작은 은행들은 더 높은 예금 이자율을 내걸었어요. 그러고도 이익을 남기려면 어떻게 해야겠어요? 더 높은 대출 이자율로 돈을 빌려줘야겠지요? 그런데 높은 대출 이자를 물고서라도 돈을 빌리겠다는 회사나 개인이 정상적일 리가 없잖아요. 돈을 빌릴 때는 하나같이 꼭 갚겠다고 약속하지만 나중에 갚지 못하는 경우가 흔하지요. 하지만 은행들은 애초에 큰돈을 빌려주지 말아야 할 대상들에게도 무분별하게 돈을 빌려주었어요. 결국 이들이 돈을 갚지 못하자 덩달아 나라 전체의 경제 시스템이 무너져 내린 것이 1929년의 대공황이에요. 대공황에 대응하고자 미국은 예금 이자율에 한도를 정했어요. 이런 일이 반복되어서는 안 된다는 생각에 미국 의회와 정부가 예금 이자율이 어느 선 이상을 넘지 못하도록 법으로 정했던 거지요.

그런데 미국 공화당의 로널드 레이건이 1980년에 대통령이 되면서 이 제한을 모두 없애 버렸어요. 그러면서 '금융 시장 자율화'라는 명분을 내세웠어요. 실력 있는 은행이라면 예금 이자율이 높아도 그보다 더 높은 대출 이자율을 충분히 감당할 회사를 골라낼 수 있다고 주장한 것이에요. 시장의 경쟁이 최선의 결과를 가져온다는 경제학 교과서의 이론을 인용하면서요. 사람들은 사람들대로 좋아했어요. 더 높은 예금 이자율을 받을 수 있으니 잘된 게 아니냐면서 말이에요. 그렇게 처음에는 모두가 행복한 듯했어요.

그렇지만 여기에는 애초부터 심각한 문제가 있었어요. 소규모 지역 은행인 저축 대부 조합은 원래 주거용 부동산 담보 대출을 주로 했어요. 집이나 땅을 담보로 잡고 돈을 빌려주는 거였지요. 그런데 경쟁 때문에 예금 이자율을 올리고 보니 도저히 기존의 주거용 부동산 담보 대출에서 받는 대출 이자로는 수지가 맞지 않았던 거예요. 예금 이자율이 대출 이자율보다 더 높은 이른바 '역마진' 현상까지 벌어졌어요. 이 상태가 지속되다가는 저축 대부 조합들이 가진 자본을 모두 탕진하고 파산할 지경이었지요.

이대로 파산할 수는 없으니 저축 대부 조합들은 더 위험한 대출로 눈을 돌렸어요. 바로 상업용 부동산 담보 대출까지 손을 댄 거예요. 또한 위태위태한 회사에 대단히 높은 이자율로 돈을 빌려주기까지 했어요. 결국 빌려준 돈을 돌려받지 못하면서 아주 많은 저축 대부 조합이 파산했어요. 저축 대부 조합에 예금했던 사람들도 커다란 재산 손실을 입었지요.

예금으로 돈을 맡기는 사람 입장에서는 예금 이자율보다 안전성이 훨씬 중요해요. 그런 면에서 저축 은행은 완전히 안심할 만한 곳은 못 돼요. 그렇다면 중앙은행과 상업 은행 중에 더 안전한 곳은 어디일까요? 당연히 중앙은행이겠지요. 중앙은행은 국가가 무너지지 않는 한 망하지 않을 테니까요. 반면 상업 은행은 망할 수 있어요. 실제로 금융 위기 등이 닥치면 상업 은행들이 줄줄이 망하기도 해요.

혹시 '좀 더 안전한 중앙은행에 예금을 드는 게 더 낫겠다.' 하고 생각하나요? 안타깝게도 그럴 수는 없어요. 중앙은행은 개인의 돈은 예금으로 받지 않거든요. 맡기고 싶어도 맡길 수가 없어요. 중앙은행이 예금을 받는 유일한 상대는 상업 은행이에요. 이런 이유로 중앙은행을 '은행들의 은행'이라고 부르기도 해요.

사실 중앙은행을 꼭 은행이라고 부를 필요는 없어요. 미국에서 중앙은행의 역할을 하는 곳의 이름은 연방 준비 제도예요. 어디에도 은행이라는 단어는 나오지 않지요. 싱가포르에서는 싱가포르 통화청이 그 역할을 수행해요. 이름에서 알 수 있듯이 싱가포르 정부 소속의 기관이에요. 여기에도 은행이라는 단어는 보이지 않지요. 화폐를 발행하고 상업 은행들의 예금을 받는 것은 사실상 은행이 아닌 국가 기관의 역할이에요. 굳이 중앙은행이라는 단어를 쓰는 것 자체가 상업 은행, 즉 고리대금업자의 관점을 당연시하는 것이 아닐까요?

물가 지수는
어떤 기준에 따라
정해지나요?

이제 물가에 대한 이야기를 해 보려 해요. 물가는 물건의 가격을 말해요. 우리가 인간답게 살아가기 위해서는 모든 영역에서 여러 물건이 필요해요. 옷도 사 입어야 하고, 밥도 먹어야 하며, 또 잠을 잘 집도 필요하지요. 그뿐만이 아니에요. 대중교통을 이용하거나 자가용을 굴리기 위한 교통비도 들고, 전화와 인터넷을 이용하기 위한 통신비도 필요하고, 학교와 학원을 다니기 위한 교육비도 필요하지요.

물건들 각각의 가격은 오를 수도 있고 내릴 수도 있어요. 지하철 요금은 올랐지만 우유 가격은 내리는 식으로요. 이러한 변화를 일일이 이야기하기는 어려워요. 그래서 필수적인 물건들로 구성된 바구니가 있다고 치고 그 바구니의 가격이 어떻게 변화하는지를 보는 거예요. 작년에는 바구니의 가격이 100이었는데 올해는 바구니 가격이 104가 되면 1년 동안 물가가 4퍼센트 오른 셈이지요. 이러한 물가 지수의 변화율을 국가는 주기적으로 발표해요. "전년 대비 몇 퍼센트 올랐다." 이런 식으로 말이에요.

물가 지수는 여러 가지가 있어요. 무슨 종류의 물건을 대상으로 하느냐에 달린 거지요. 예를 들어, 농산물 물가 지수는 농산물의 가격이 얼마인지를 나타내요. 여러 물가 지수 중에 가장 큰 주목을 받는 건 소비자 물가 지수예요. "숫자가 현실과 거리가 있다."라거나 "체감하는 물가와 도대체 맞지 않는다."라는 말을 듣는 주인공이기도 하지요. 왜 공식적인 소비자 물가 지수가 현실과 다르게 느껴지는 걸까요? 그 이유를 알기 위해서는 먼저 소비자 물가 지수가 어떻게 정해지는지 알아야 해요.

소비자 물가 지수는 수백 가지 물건들의 가격으로 구성돼요. 각각의 물건에는 고유한 가중치가 있어요. 더 중요하게 생각되는 물건일수록 가중치가 높아요. 예를 들어, 술이 아닌 음료와 식료품은 약 14퍼센트, 교통비는 약 11퍼센트의 가중치가 있어요. 여러분과 직접적인 관련이 없는 술과 담배는 1퍼센트가 약간 넘는 가중치가 있어요. 이런 식으로 소비자 물가 지수에는 중요한 것부터 별로 중요하지 않지만 어쨌거나 사람들이 구입하는 것까지 포함되어 있지요.

음식료품의 가중치가 14퍼센트 정도라고 했는데 이 안에는 100개가 넘는 품목들이 포함되어 있어요. 쌀부터 채소, 고기, 생선, 과일, 우유, 주스 등이 그 예지요. 따라서 각 품목이 차지하는 가중치의 평균은 약 0.1퍼센트에 지나지 않아요. 이게 공식적인 소비자 물가 지수의 변화와 사람들이 체감하는 물가의 변화가 잘 맞지 않는 이유예요.

예를 들어 설명해 볼까요? 쇠고기의 가격이 20퍼센트 올랐다고 해 봐요. 가뜩이나 비싼 쇠고기의 가격이 20퍼센트나 오르면 시장에 가서 덥석 사기 어렵지요. 피치 못하게 사야 된다면 생활비에 상당한 부담이 될 거고요. 소비자 입장에서 '물가가 엄청 올랐다!'라고 느끼는 것이 당연해요.

그렇지만 소비자 물가 지수를 계산해 보면 고작 0.02퍼센트 올랐을 뿐이에요. 쇠고기의 가중치가 앞에서 이야기한 0.1퍼센트라는 평균값과 같다면 말이에요. 가중치 0.1퍼센트에 쇠고기의 가격 상승률 20퍼센트를 곱하면 0.02퍼센트가 나오니까요(0.1×0.2＝0.02). 그러니까 마트에서 직접 물건을 살 때 체감하는 물가가 엄청나게 뛰어도 국가가 공식 발표하는 소비자 물가 지수는 늘 제자리인 것처럼 보이는 것이에요.

소비자 물가 지수에 포함되는 품목들은 주기적으로 변경돼요. 시간이 지나면서 생활에 필요하다고 여겨지는 물건도 달라지기 마련이니까요. 예를 들어 우리나라의 경우 1995년에 피자와 이동

전화료를 물가 지수의 품목에 포함시켰어요. 다시 말해 1995년 이전에는 피자의 가격이 얼마가 되든 소비자 물가 지수는 아무런 영향을 받지 않았다는 이야기예요. 반대로 어떤 품목이 이제 중요하지 않다 싶으면 빼기도 해요. 예를 들어, 2005년에는 식기세척기와 시디가 빠졌고, 2010년에는 정수기와 금반지를 포함해 21개 품목이 제외됐어요. 시디가 빠진 건 이해가 쉬운 반면, 정수기가 빠진 건 의아한 구석도 없지 않아요. 금반지는 애초에 왜 들어가 있었나 싶기도 하고요.

각각의 품목이 가지는 가중치도 주기적으로 바뀌어요. 예를 들어, 이동 전화료가 1995년에 처음 포함됐을 때의 가중치는 약 0.2퍼센트였는데 2000년에는 약 2.4퍼센트로 올라갔어요. 사람들이 휴대 전화에 더 많은 돈을 쓰게 됐기 때문이에요.

소비자 물가 지수가 워낙 많은 품목을 포함하다 보니 현실성이 떨어진다는 지적이 많이 나와요. 물론 이 지수를 정하고 공표하는 쪽에서 듣기에는 조금 억울할 수도 있어요. 생활하는 데 필요한 것들이 한두 가지가 아니다 보니 일정한 기준을 넘는 품목들을 다 포함시킨 결과일 뿐이라고 항변할 거예요. 하지만 앞에서 숫자를 가지고 설명한 것처럼 품목이 많아질수록 소비자 물가 지수의 상승률은 그 크기가 줄어들어요. 숫자를 낮추고 싶은 의도가 아예 없었다고 확신하기도 어려운 까닭이에요.

실제로 소비자 물가 지수보다 품목 수가 적은 물가 지수도 존재

해요. 장바구니 물가 지수라고도 불리는 생활 물가 지수가 대표적이에요. 우리나라의 생활 물가 지수는 약 150개 항목으로 구성되어 있어요. 보통 생활 물가 지수의 상승률이 소비자 물가 지수의 상승률보다 1퍼센트 이상 높아요. 그만큼 사람들이 체감하는 물가 상승률에 좀 더 가깝다는 이야기지요.

전혀 다른 관점을 가진 물가 지수도 있어요. 이름하여 근원 물가 지수예요. 근원 물가 지수는 소비자 물가 지수를 구성하는 품목들에서 농산물과 기름을 뺀 거예요. 이유가 자못 흥미로워요. 농산물과 기름의 가격이 워낙 변덕스러운 탓에 뺐다는 거예요. 눈에 거슬리는 품목을 뺀 만큼 근원 물가 지수의 상승률은 완만해요. 소비자 물가 지수에 비해 적어도 1퍼센트 이상, 많으면 4퍼센트 정도까지 낮게 나타나지요. 하지만 사람들이 살면서 농산물을 안 먹을 수 없고 운전을 안 할 수 없잖아요. 돈에 관련된 통계 지표 중에는 이처럼 보고 싶은 것만 보는 아전인수 격의 지표가 꽤 있어요.

아마도 소비자 물가 지수가 비판을 받는 가장 결정적인 이유는 집과 관련된 비용일 거예요. 실제로 많은 사람들이 집 때문에 골치 아파해요. 전세나 월세 가격이 올라서 빚을 지거나 저축을 깨고는 하지요. 또 집값이 폭등하면 내 집 마련의 꿈을 가진 이들의 근심이 커질 거예요. 사람들이 체감하는 물가에서 집과 관련된 비용은 막대한 비중을 차지해요. 실제로 미국의 소비자 물가 지수에서 주거비의 가중치는 30퍼센트가 넘어요. 하지만 우리나라의 소비자 물가 지수에서 주거비의 가중치는 10퍼센트를 약간 넘을 뿐이에요. 게다가 전세와 월세 가격만 포함할 뿐, 아파트와 같은 주택 가격의 변동은 아예 고려하지도 않아요. 그래서 주거비 가중치가 미국보다 한참 적은 거예요.

주택 가격의 변동을 고려하지 않는 이유가 또 재미있어요. 우리나라에서는 아파트가 투기의 대상에 가까워서 이를 포함하면 소비자 물가 지수가 과도하게 영향을 받기 때문이라고 해요. 그렇지만 바로 그 이유로 아파트 가격의 변화는 소비자의 삶에서 빼놓을 수 없는 것 아니겠어요? 이 또한 눈 가리고 아웅 하는 식인 것이지요.

물가가 오르는 이유는
무엇인가요?

물가는 무척이나 중요해요. 대다수 사람의 삶을 좌지우지할 힘을 가지고 있으니까요. 월급은 제자리인데 물가가 뛰면 어떻게 되겠어요? 이전에 누리던 것들을 다 못 누리겠지요? 일주일에 한 번 외식하던 것을 한 달에 한 번으로 줄여야 할 수도 있고, 매일 가던 학원을 일주일에 한 번 가게 될 수도 있어요. 나중에는 아예 끼니를 걱정하게 될 수도 있어요.

역사를 살펴보면 물가는 전반적으로 상승해 왔어요. 그렇지만 늘 꾸준히 상승한 것만은 아니었어요. 오르는 속도와 폭이 너무 빠르고 커서 사회 문제가 되었던 적도 많았지요. 그런가 하면 물가가 제자리에 있거나 오히려 약간 떨어지는 시기를 경험한 나라들도 있어요. 물가가 오르는 것이 꼭 당연한 일은 아니에요.

그럼 물가가 어떻게 오를 수 있는지 생각 실험을 해 볼까요? 소비자 물가 지수를 구성하는 품목 모두를 동시에 다루기는 쉽지 않아요. 그러니 다음과 같은 가상의 세계를 상상해 봐요.

이 세계에서 유일하게 중요한 물건은 딸기예요. 사람들은 딸기만 먹고 살아요. 딸기를 대신할 수 있는 다른 음식은 없어요. 또 여기서는 누구나 딸기를 키울 수 있어요. 더 열심히 일하는 사람은 남들보다 더 많은 딸기를 수확하기도 하고 남는 딸기가 있으면 다른 사람에게 팔기도 해요. 딸기를 직접 키우지 않고 다른 일을 해서 번 돈으로 딸기를 사 먹기만 하는 사람들도 있어요. 사람들이 신경 쓰는 품목이 딸기 하나일 뿐, 이 세계는 우리가 사는 세계와 거의 흡사해요.

자, 이제 어떤 경우에 딸기의 가격이 오를 수 있는지 생각해 봐요. 첫 번째 가능성은 딸기의 생산량이 줄어든 경우예요. 딸기가 부족하면 사람들은 더 많은 돈을 내고서라도 딸기를 구하려고 할 테니 가격이 올라가겠지요. 또 다른 가능성은 사람들이 딸기를 예전보다 더 많이 원하는 경우예요. 딸기의 총량은 똑같은데 사겠다는 사람이 많으면 가격이 올라가요. 경제학 교과서가 늘 가정하는 상황이지요.

물론 가상의 세계가 아닌 현실에서도 위와 같은 이유로 딸기의 가격이 올라갈 수는 있어요. 하지만 우리가 지금 하려는 것은 전반적인 소비자 물가가 어떻게 오를 수 있는가를 알아보려는 거예요. 여기서 딸기란 우리가 살면서 써야 하는 기본적인 생활필수품 전체를 의미하는 것이지요.

우리가 사야 하는 물건이 충분치 않아서 생활필수품의 가격이 올라갈까요? 가게마다 넘쳐나는 온갖 상품들을 생각해 보면 별로 현실성이 없는 이유예요. 반대로 우리가 갑자기 더 많은 물건을 원하게 되어서 생활필수품의 가격이 올라갈까요? 우리가 물건을 원하는 것은 사실이지만 갑자기 더 많은 물건을 원하게 되는 것 같지는 않아요. 즉, 둘 다 이론적으로는 가능한 설명이지만 실제로 물가가 오르는 이유는 아닐 듯해요.

그렇다면 딸기 가격을 올릴 수 있는 실제 방법은 무엇일까요? 한 가지 있어요. 바로 돈이 많아지는 거예요. 수확되는 딸기의 총량은 크게 변하지 않아요. 사람들이 원하는 딸기의 총량도 별로 변하지 않지요. 하지만 돈이 많아지면 딸기의 가격은 올라갈 수밖에 없어요. 다른 것들이 전혀 변하지 않았다고 해도요. 반대로 돈이 줄어들면 딸기 가격은 내려갈 거예요.

즉, 물가가 오르는 가장 큰 이유는 나라 안에 돈이 많아지기 때문이에요. 돈이 많아지는 이유는 현금이 많이 생겨서일 수도 있지만 그보다는 신용 돈, 즉 은행의 대출이 증가하기 때문인 거고요. 물가 상승은 곧 돈의 가치가 하락하는 것이기도 해요. 그래서 이를 환가 하락이라고도 부르지요.

물가 상승을 두고 인플레이션^{inflation}이라는 영어 단어를 쓰기도 해요. 영어라고 해서 겁먹을 필요는 없어요. 인플레이션의 동사형인 인플레이트^{inflate}에는 '부풀다'라는 의미가 있어요. 그러니 인플레이션은 물가가 부풀어 올랐다는 의미로 이해하면 돼요. 경제학자들만 이해할 수 있고 이야기할 수 있는 단어가 아니에요. 이런 어려운 말을 쓰지 않아도 물가가 올랐는지 아닌지는 모든 사람이 알 수 있어요.

적지 않은 경제학자들이 물가가 떨어지는 것을 재앙처럼 여겨요. 이들은 물가가 제자리에 있는 것조차 문제라고 생각해요. 하지만 보통 사람 입장에서 물가 하락은 사실 반가운 일이에요. 가진 돈과 버는 돈이 정해져 있으니 물가가 제자리에 있거나 내려가면 생활비 부담이 줄어드니까요. 물가가 내려가는 것이 반갑지 않은 사람들이 경제학자들 외에 또 있기는 해요. 회사를 소유한 자본가들이 대표적이지요. 물건의 가격이 싸지면 그만큼 회사는 이익이 줄어드니까요.

물가 하락은 여러 가지 원인으로 발생할 수 있어요. 우선 돈의 총량이 줄면 물가가 떨어질 가능성이 커져요. 앞에서 설명했던 것처럼 말이에요. 반대로 물건이 많아져서 가격이 떨어질 수도 있어요. 우리가 살고 있는 자본주의 시스템은 좀 더 많은 물건을 만들기 위해 애써요. 2000년대 미국의 소비자들은 실제로 이런 효과를 누렸어요. 당시 '세계의 공장'으로 불리던 중국에서 워낙 많은 물건을 싼값에 만들어 낸 덕에 물가가 떨어진 것이에요.

어떠한 이유건 간에 지나친 물가 상승을 방치하고 살아남은 국가는 없어요. 특히 돈의 총량이 늘어나서 발생하는 물가 상승은 임금을 받는 노동자들과 연금으로 생활하는 은퇴자들을 곤란하게 만들어요. 또한 저축이나 연금 등 보통 사람들이 미래를 대비하기 위해 하는 노력들을 한순간에 무용지물로 만들지요. 이것은 칼만 들지 않았을 뿐 일종의 강도 행위나 다름없어요.

왜 다른 나라 돈을
우리나라에서는
사용할 수 없을까요?

우리나라 돈의 단위는 원이에요. 한편 일본 돈의 단위는 엔이고, 중국 돈의 단위는 위안 그리고 미국 돈의 단위는 달러지요. 공동의 돈인 유로를 쓰는 유럽 여러 나라를 제외하면 각각의 나라들은 고유한 돈을 가지고 있어요.

왜 나라마다 돈이 다를까요? 초보적인 대답을 먼저 해야겠어요. 앞에서도 이야기했지만 돈은 국가가 정하는 거예요. 유럽 연합에서 사용하는 유로 같은 특수한 경우 외에는 별개의 국가가 같은 돈을 쓴다는 건 생각하기 어려워요. 어떤 나라가 독립할 때 해야 하는 첫 번째 일 중 하나가 돈을 정하는 거예요. 스스로 정한 돈이 없으면 국가가 안에서 할 수 있는 일이 너무 없거든요. 돈조차 마음대로 하지 못한다면 그건 제대로 된 국가가 아니지요.

그런데 나라마다 돈이 달라서 불편하다고 느끼는 사람들도 꽤 있어요. 특히 해외여행을 갈 때 그렇게 느끼지요. 미국에 갈 때는 미국 달러를 구해야 하고, 유럽에 갈 때는 유로가 필요하지요. 같은 유럽이어도 덴마크, 스위스, 노르웨이처럼 유로를 사용하지 않는 나라에 갈 때는 또 그 나라 돈을 가지고 있어야 해요. 신경 쓰이고 귀찮은 일이에요.

물론 외국에서 현금 대신 신용 카드를 쓰는 방법도 있어요. 우리나라에서 만든 신용 카드도 웬만하면 외국에서 사용하는 것이 가능해요. 하지만 현지에 가 보면 신용 카드를 받지 않는 가게가 많아요. 그러니 외국 돈이 아예 없으면 낭패를 보기 쉽지요.

만약 우리나라 돈을 외국에서 직접 쓸 수 있다면 어떨까요? 매우 편리하겠지요. 따로 외국 돈으로 바꿀 필요 없이 우리나라에서 쓰는 지폐며 동전을 쓰면 되니까요. 그런데 반대로 외국인이 우리나라에 와서 원화를 쓰지 않고 자기네 나라에서 쓰던 지폐를 내밀면 어떨까요? 그건 매우 불편하겠지요.

예를 들어, 식당에서 1만 원짜리 밥을 팔았는데 러시아 사람이 자기네 돈인 100루블짜리 지폐를 내미는 거예요. 우선 100루블이 우리 돈으로 얼마쯤인지 알 수도 없을뿐더러, 받아도 다른 데서 쓰기가 어려워요. 가까운 장래에 러시아로 여행 갈 일이 없다면 루블을 받을 아무런 이유가 없는 거지요.

만약 받은 돈이 루블이 아니라 미국 달러라면 어떨까요? 달러는 쓸 데도 많고 또 직접 예금하는 것도 가능해서 받아도 웬만큼 잘 쓸 수 있을 것 같지요. 사실 개인 입장에서는 원화를 쓰든 달러를 쓰든 큰 차이는 없어요. 그렇게 받은 달러가 순식간에 휴지로 변하지 않고 또 다른 사람들도 달러를 문제없이 받아 준다면 원화 대신 혹은 원화와 함께 달러를 쓸 의향이 생기지요.

하지만 국가 입장에서 그걸 허용할 수는 없어요. 달러가 우리나라에서 물건을 사는 용도로 사용되게 되면 국내에서 돈의 지위를 놓고 원화와 직접 경쟁하는 관계에 놓이게 돼요. 만약 달러가 원화보다 더 흔해지면 그때부터는 달러만 사용되고 원화는 사라지게 될 거예요.

왜 그럴까요? 달러와 원화가 동시에 돈으로 사용된다고 가정해 볼게요. 원화의 총량은 한국은행이 통제해요. 돈의 총량은 너무 적어도 문제고 너무 많아도 문제지요. 특히 대출로 돈을 버는 상업 은행들의 존재로 인해 원화가 지나치게 많아지면 파괴적인 물가 상승이 발생해요. 이는 국가 권력을 위태롭게 만들 수도 있는 일이에요. 그렇기 때문에 한국은행은 원화가 너무 많아지도록 내버려두지 않아요.

반면 달러의 총량은 미국이 정해요. 미국은 경제 규모가 우리나라보다 크기 때문에 전 세계를 돌아다니는 달러의 규모도 원화보다 훨씬 크지요. 엄청난 규모의 달러가 우리나라에서 돈으로 사용되면 이는 곧 물가 상승으로 이어져요. 그러나 한국은행은 달러에 대해 속수무책이에요. 왜냐하면 한국은행은 원화를 발행할 뿐 달러를 발행하는 일과는 아무런 상관이 없으니까요.

여기까지의 이야기를 듣고 '그래도 원화의 총량을 잘 관리하면 되는 게 아닌가?' 하고 생각했을지도 모르겠어요. 물건을 달러로 사는 가격은 오를 수 있지만 원화로 사는 가격은 그대로인 것 아니냐고 말이에요. 하지만 그렇지 않다는 게 문제예요.

물건의 원화 가격은 제자리인 반면, 달러 가격만 오른다는 건 곧 달러의 가치가 원화에 비해 떨어진다는 이야기예요. 한 권에 1만 원 하던 책이 10달러였는데, 이제 원화로는 똑같이 1만 원이지만 20달러에 거래된다고 생각해 봐요. 달러와 원화 사이의 관계를 따져 보면 1달러에 1,000원 하던 게 500원으로 줄어들었어요. 똑같은 현상을 놓고 원화의 가치가 달러에 비해 올랐다고 이야기할 수도 있겠지요. 어느 쪽이든 사람들은 이제 원화는 내놓지 않고 달러만 돈으로 쓰려고 할 거예요. 달러의 가치가 자꾸 떨어지니 더 떨어지기 전에 가지고 있던 달러를 다 써 버려야겠다고 생각할 테니까요. 결과적으로 우리나라에서 돈으로 돌아다니는 건 달러만 남게 되지요. 이러한 현상을 가리켜 "나쁜 돈이 좋은 돈을 몰아낸다(악화가 양화를 구축한다)."라고도 이야기해요.

모든 사람이 원화 대신 달러를 일상적으로 쓰면 한국 정부는 돈에 대한 통제력을 잃게 되겠지요. 그렇게 되면 미국이 달러를 얼마나 찍어 내느냐 혹은 얼마나 줄이느냐에 따라 물가가 출렁거릴 거예요. 또 국내 은행들이 이자율도 마음대로 정할 수 없어요. 미국의 은행들과 연방 준비 제도가 정한 달러 이자율의 영향을 받게 될 거예요. 그 말은 한국이 정치적으로는 몰라도 경제적으로는 더 이상 독립된 상태가 아니라는 이야기예요.

그렇기 때문에 다른 나라의 돈이 자기 나라에서 사용되는 걸 허용할 국가는 없어요. 지난 10년간 계속되고 있는 유럽의 경제 위기도 바로 국가는 여럿인데 억지로 돈을 하나로 통일시켜 발생된 문제라고 생각해요. 유럽 전체가 미국과 같은 하나의 국가로 바뀌지 않는다면 유로의 문제는 결코 쉽게 풀리지 않을 거예요.

자, 지금까지 돈이 무엇인지에 대해 알아봤어요. 돈이 어떻게 생겨나든 여러분의 생활에 당장 영향을 주지는 않아요. 보기에 따라서는 나와 너무 동떨어진 이야기처럼 들렸을 수도 있을 것 같아요. 하지만 나무만 봐서는 숲 전체를 이해할 수 없듯이 돈의 본질을 알지 못한다면 금융을 제대로 이해하기 어려워요. 그래서 돈을 먼저 다룬 것이에요.

2

돈을 제대로
관리하기 위해
꼭 알아야 할 것

돈을 잘 관리하려면
어떻게 해야 할까요?

2부에서는 돈을 관리하는 일에 대해 이야기할 거예요. 돈을 벌고 모으고 또 쓰는 과정과 흐름에 대한 이야기예요. 돈을 관리하는 주체는 여러분 같은 개인부터 회사, 나아가서는 국가까지 될 수 있어요. 규모는 다를지언정 기본 원리는 같아요. 개인이냐 혹은 국가냐에 따른 차이점보다는 공통점이 훨씬 크지요. 자, 그럼 이제 시작해 볼까요?

아직 청소년인 여러분이나 어른인 여러분의 부모님이나 똑같은 게 있어요. 그건 돈을 제대로 관리하지 않으면 파산한다는 점이에요. 아주 공평하지요. 돈을 관리하는 데는 나이가 중요하지 않아요. 나이가 많다고 저절로 돈을 잘 관리하게 되는 것도 아니에요.

반대로 나이가 어리다고 꼭 못한다고 볼 수도 없어요. 중요한 건 돈을 잘 관리하기 위한 기본적인 습관이 배어 있느냐예요.

돈을 바라보는 관점에는 크게 두 가지가 있어요. 하나는 돈을 흐르는 물로 보는 관점, 다른 하나는 돈을 고여 있는 물로 보는 관점이에요. 이 둘은 당연히 서로 연결되어 있어요. 물이 계속 흘러들수록 고여 있는 물도 많아져요. 반대로 고여 있는 물이 많으면 흘러 나가는 물이 있어도 어느 정도는 버틸 수 있어요.

돈을 고여 있는 물로 보는 사람들은 가진 돈이 얼마냐 혹은 재산이 얼마냐 하는 걸 중요하게 생각해요. 뒤의 3부에서 다룰 투자와 투기도 이 관점에서 돈을 바라봐요. 가진 돈을 어떻게 더 많이 불릴 수 있을까 하는 게 주된 고민거리지요.

하지만 더 중요한 관점은 돈을 흐르는 물로 보는 관점이에요. 흐르는 물이 많으면 고여 있는 물이 많아지듯, 흐르는 돈이 많으면 적어도 큰 곤경에 처할 위험은 없어요. 그러나 흐르는 물에 문제가 있으면 고인 물도 곧 문제가 돼요. 흐르는 물이 독립된 변수라면 고인 물은 종속된 변수가 되는 것이지요.

예를 들어 설명해 볼게요. 돈을 흐르는 물처럼 생각하면 얼마를 벌고 또 얼마를 쓰냐가 중요해요. 쓰는 돈이 버는 돈보다 많지 않다면 괜찮은 거예요. 쓰는 돈이 버는 돈보다 적으면 적을수록 더 좋겠지요. 그만큼 돈이 남아서 쌓일 테니까요.

하지만 쓰는 돈이 버는 돈보다 조금이라도 많으면 문제예요. 가지고 있던 돈이 그만큼 줄어들겠지요. 원래 가진 돈이 아주 많다면 당장은 큰 문제가 아닌 것처럼 보일 수도 있어요. 하지만 시간이 가면 언젠가는 돈이 모두 없어지고 말 거예요. 이건 수학적 진리예요. 예외가 있을 수 없지요. 쓰는 돈이 버는 돈을 능가하면 구체적으로 언제냐만 다를 뿐 파산하고 만다는 사실은 변함없어요.

16세기 스페인 이야기로 잠깐 돌아갈게요. 1516년에 스페인의 왕이 된 카를로스 1세는 엄청난 영토를 가졌어요. 신성 로마 제국의 황제라는 칭호도 있던 그는 스페인뿐만 아니라 지금의 독일과 오스트리아, 프랑스의 일부, 이탈리아의 대부분, 그리고 아메리카와 아프리카, 심지어 태평양의 섬들과 필리핀까지 지배했어요. 그 크기는 로마의 황제도 부러워할 만한 것이었지요. 카를로스 1세의 권세는 실로 막강했어요.

게다가 그는 아메리카에서 가져온 금과 은도 소유했어요. 신대륙에서 발견되는 귀금속의 20퍼센트는 왕의 몫으로 정해져 있었거든요. 귀금속은 귀금속대로 들어오지, 세금은 세금대로 거두지, 카를로스 1세는 당시 유럽에서 손꼽히는 부자였어요.

그런데 카를로스 1세는 많은 전쟁을 치렀어요. 오스만 튀르크를 침공했고, 라이벌 프랑스와도 여러 차례 전쟁을 벌였어요. 전쟁이 꼭 필요했는지는 역사를 보는 시각에 따라 다른 대답이 나올 수 있겠지만 한 가지 확실한 사실이 있어요. 전쟁을 벌이면 돈이 많이, 그것도 아주 많이 든다는 거예요. 이 사실은 그때나 지금이나 마찬가지예요.

그 결과 카를로스 1세의 지출은 수입을 능가했어요. 엄청난 돈이 들어왔지만 그 이상으로 써 버린 거지요. 그럴 때는 어떻게 해야겠어요? 지출을 줄여야겠지요. 그렇지만 카를로스 1세는 그렇게 하지 않았어요. 전쟁에 이겨 금과 은을 더 많이 빼앗아 오면 된다고 믿고는 빚을 지기 시작했어요. 돈을 빌렸던 거예요.

언제나 그렇듯이 처음에는 적은 금액으로 시작했어요. 1520년부터 1532년 사이에 카를로스 1세가 빌린 돈은 633만 두카트였어요. 하지만 금액은 점점 늘어났지요. 1533년에서 1542년 사이에는 659만 두카트를 빌렸고, 1551년까지 추가로 1,074만 두카트를 빌렸으며, 1552년부터 1556년까지의 4년 동안에는 1,435만 두카트를 빌렸어요. 모두 3,801만 두카트에 해당하는 빚을 진 거예요. 같은 기간 동안 카를로스 1세가 걷은 돈보다 200만 두카트 이상 많은 금액이었지요. 말하자면, 들어온 돈을 전쟁에 다 쓰고도 모자라 그 이상의 돈을 빌려다 또 쓴 거였어요. '돈의 관리'라는 관점으로 보면 빵점짜리였던 거지요.

1556년 카를로스 1세가 죽자 아들 펠리페 2세가 새로 스페인의 왕이 됐어요. 4,000만 두카트에 육박하는 빚을 감당할 방법이 없었던 펠리페 2세는 결국 파산을 선언하고 말아요. 제아무리 들어오는 돈이 많아도 쓰는 돈이 더 많으면 파산할 수밖에 없다는 걸 카를로스 1세는 증명해 보였지요.

그 아버지에 그 아들이라고 펠리페 2세도 카를로스 1세와 별로 다르지는 않았어요. 오스만 제국과 맞붙은 레판토 해전, '무적함대'의 몰락을 낳은 영국과의 전쟁, 그리고 네덜란드 독립 전쟁까지 크고 작은 전쟁을 벌이느라 수입 이상의 돈을 써 버렸고 그걸 빚으로 메꾸고는 했지요. 펠리페 2세는 1596년 죽을 때까지 무려 네 번에 걸쳐 국가 파산을 선언했어요. 돈을 빌려주었던 독일의 푸거 일가도 덩달아 큰 손실을 입고는 결국 17세기에 몰락하고 말았지요.

그러면 수입 중 얼마나 저축해야 현명한 걸까요? 정답은 없어요. 10퍼센트 혹은 20퍼센트 이런 숫자를 제시할 수 있으면 좋겠지만 그러기는 어려워요.

하지만 한 가지는 확실해요. 저축은 많이 할수록 좋다는 거예요. 버는 돈에서 일부라도 아껴서 저축한다면 재무적으로 건강한 상태예요. 얼마나 저축할 수 있느냐는 실제로 버는 돈과 꼭 써야 하는 돈에 따라 달라지겠지요. 꼭 써야 하는 돈을 저축 때문에 못 쓰는 것도 현명하다고 보기는 어려워요. 그렇지만 버는 돈 이상으로 돈을 쓰는 건 결코 건전한 습관이 아니에요.

개인, 회사, 국가는 각각 어떻게 돈 관리를 해야 할까요?

　여러분에게 가장 실감 나는 돈 이야기는 용돈 이야기일 것 같아요. 여러분이 받는 용돈은 둘 중 하나예요. 부모님께 일주일 혹은 한 달에 한 번 받는 용돈 아니면 추석이나 설날 때 친척들, 특히 할아버지나 할머니께 받는 용돈이겠지요. 부모님께 정기적으로 받는 용돈보다는 친척들께 어쩌다 받는 용돈이 더 큰 돈인 경우가 많아요.

　그렇다면 둘 중에 어느 용돈이 더 나을까요? 좀 더 구체적으로 질문하자면, 매달 초에 2만 원의 용돈을 받는 것과 매년 1월 1일에 24만 원의 용돈을 받는 것 중 하나를 고를 수 있다고 해 봐요. 여러분은 어떤 것을 고르겠어요?

계산이 빠른 친구들은 이미 마음속으로 '매달 2만 원씩 열두 번 받으면 24만 원이네.' 하고 생각했을 것 같아요. 들어오는 돈의 전체 금액을 기준으로 보면 이 두 방법은 동일해요. 그러니 이 질문은 똑같이 24만 원이라는 돈이 있을 때 이걸 조금씩 나누어 받는 쪽이 낫냐 아니면 한꺼번에 미리 받는 쪽이 낫냐 하는 질문인 셈이에요.

단순하게 생각해 보면 미리 한꺼번에 받는 쪽이 더 나아요. 두 가지 이유 때문이에요. 첫째로, 미리 받은 24만 원이 어디 갈 일은 없지만 매달 받기로 되어 있는 2만 원은 못 받을 가능성이 있어요. 물론 부모님이 아무 이유 없이 약속을 어기지는 않겠지만 여러분이 말썽을 크게 피운다든가 하면 부모님이 마음을 바꿀 수도 있잖아요.

둘째로, 용돈을 미리 받으면 약간의 이자를 얻을 수도 있어요. 24만 원 중 첫째 달 용돈에 해당하는 2만 원은 써야 하지만 나머지 22만 원은 당장 필요하지는 않은 돈이지요. 그러니 남는 22만 원으로 한 달 만기의 정기 예금을 들면 이자가 생겨요.

사실 여기에는 하나의 조건이 필요해요. 여러분이 미리 받은 24만 원을 함부로 써 버리지 않고 매달 2만 원씩만 쓴다는 조건이에요. 막상 큰돈이 생기면 뒷일은 생각하지 않고 우선 써 버리는 경우가 많거든요. 만약 막 써 버릴 것이라면 그런 일을 막기 위해서라도 매달 2만 원씩 받는 쪽이 차라리 더 낫겠지요. 돈을 잘 다룬다는 것은 그런 유혹에 휘둘리지 않는 걸 의미해요. 여러분은 돈을 잘 다룰 자신이 있나요?

용돈을 잘 관리하려면 가계부를 쓰는 게 좋아요. 가계부란 받은 돈과 쓴 돈을 날짜 순서대로 써 놓는 장부예요. 가계부를 꼼꼼히 쓰면 무엇 때문에 돈을 썼는지, 또 얼마나 썼는지를 확인할 수 있어요. 내가 버는 돈의 범위 내에서 알뜰하게 쓰고 있는지를 즉시 파악할 수 있고 저축을 얼마나 했는지도 쉽게 알 수 있지요.

그렇지만 가계부를 써도 절약하지 않으면 결국은 소용없어요. 가진 돈의 상태를 파악하는 것으로 끝나고 정작 돈을 절약하는 행동으로 이어지지 않으면 가계부를 쓰나 마나지요. 가계부를 쓴다고 해서 저절로 돈이 생기는 건 아니니까요.

용돈을 예를 들었지만 이 이야기는 사실 회사나 국가에도 그대로 적용될 수 있어요. 회사가 비즈니스를 하면 돈을 벌기도 하고 돈을 쓰기도 하지요. 물건을 팔면 돈이 들어와요. 또 물건을 만드는 데 필요한 원재료를 사고 직원들에게 월급을 주면 돈이 나가요. 그렇게 쓰는 돈이 버는 돈보다 많으면 어떤 일이 벌어질까요? 얼마 못 가 그 회사는 망하고 말아요. 부도가 나거나 파산하는 거지요.

여러분이 나중에 커서 직장을 구할 때도 가려는 회사가 버는 돈과 쓰는 돈을 잘 맞추는지 따져 보세요. 번 돈에서 쓴 돈을 뺀 것을 이익이라고 불러요. 이익이 클수록 비즈니스를 잘하는 거예요. 개인으로 치자면 절약해서 저축을 많이 하는 것과 비슷하지요. 반대로 이익이 거의 없거나 심지어 쓴 돈이 더 많아서 손실을 입고 있는 회사라면 가지 않는 편이 나아요. 아주 특수한 몇몇 경우를 제외하면 그런 회사는 얼마 안 가 부도날 수밖에 없으니까요.

국가도 마찬가지예요. 국가의 경우, 버는 돈은 국민으로부터 받는 세금이에요. 공무원과 군인에게 주는 월급부터 각종 공공사업 등에 들어가는 돈이 국가가 쓰는 돈이지요. 국가도 받는 돈보다 쓰는 돈이 더 크면 계속 적자 신세예요. 한두 해라면 모르지만 이 상태가 계속되면 결국 커다란 문제가 생겨요.

그래도 국가에는 최후의 수단이 있어요. 바로 화폐를 직접 발행하는 거예요. 중앙은행을 동원해 찍어 낸 돈으로 모자라는 돈을 메꾸는 것이지요. 이렇게 하면 표면적으로는 국가의 수입과 지출을 맞출 수 있어요. 하지만 그렇게 만들어진 돈은 경제 시스템을 완전히 망가뜨려요. 억지로 돈이 늘어나게 만들었으니 물가가 폭등하게 되지요. 앞에서도 이야기했지만 이런 일을 벌이고도 멀쩡할 국가는 없어요.

사실 국가에는 최후의 수단이 한 가지 더 있어요. 하지만 그 이야기는 잠시 후에 하도록 해요. 일단 여기에서는 수입을 능가하는 지출을 하는 사람, 회사, 국가에는 미래가 없다는 점을 꼭 기억하도록 하세요.

한 사람의
신용은 어떻게
정해지나요?

금융에 대한 뉴스에 빠지지 않는 말들 중에 신용이라는 것이 있어요. 이 말은 이미 앞에서도 한 번 나왔어요. 상업 은행의 대출을 이야기하면서 대출과 신용은 같은 이야기라고 했지요. "신용이 좋다." "신용도가 나쁘다." 하는 식으로 많이 쓰이는 단어예요.

신용은 영어로 크레디트credit예요. 크레디트라는 단어는 라틴어 크레디툼creditum에서 왔어요. 크레디툼과 가까운 라틴어로는 크레도credo가 있어요. 기독교 신자들에게 익숙한 사도신경을 가리키는 말이지요. 크레디트라는 단어에 '믿는다'는 뜻이 있음을 짐작해 볼 수 있어요.

'믿다'의 뜻을 가진 라틴어 동사 크레데레credere의 과거 분사인 크레디툼은 글자 그대로 번역하면 '믿어진 (것)'이 돼요. 여기서 '빌린 돈'이라는 뜻이 나왔지요. 빌리려는 사람을 믿지 못한다면 돈을 빌려줄 수 없겠지요? 이처럼 신용이라는 말은 돈을 빌리고 빌려주는 관계를 전제하고 있어요.

돈을 빌리고 빌려주는 일은 혼자서는 할 수가 없어요. 내가 돈을 빌리려면 누군가 내게 돈을 빌려주어야만 해요. 내가 남는 돈을 빌려주려고 할 때도 마찬가지고요. 누군가 빌려 갈 사람이 없다면 아무리 빌려주고 싶다고 하더라도 빌려줄 수 없지요. '손바닥도 마주쳐야 소리가 난다.' 또는 '탱고도 추려면 두 사람이 필요하다.'라는 말처럼 말이에요.

그래서인지 신용이라는 말과 대출이라는 말은 늘 헷갈려요. 빌려준 쪽인지 아니면 빌려 온 쪽인지가 그 말 자체로는 드러나지 않기 때문이에요. 영어에는 이런 문제가 없어요. '돈을 빌리다.'라는 단어와 '돈을 빌려주다.'라는 단어가 각각 바로우^{borrow}와 렌드^{lend}로 완전히 다르니까요. 하지만 신용 또는 대출 그러면 이게 빌려줬다는 이야기인지 빌려 왔다는 이야기인지 알 수가 없지요. 따라서 꼭 되물어야 해요.

누군가의 신용은 그 사람이 돈을 빌렸을 때 쓰는 말이에요. 신용이 좋다는 말은 '빌린 돈을 잘 갚아 왔다.' 혹은 '빌린 돈을 잘 갚을 것으로 기대된다.'라는 뜻이지요. 그 사람이 돈을 빌려줬을 때를 말하는 게 아니니까 헷갈려 하지 마세요.

그러면 한 사람의 신용은 어떻게 구성될까요? 크게 보면 두 변수를 곱한 것으로 정의할 만해요. 첫 번째 변수는 빌린 돈을 갚을 능력이에요. 원래 가진 돈이 많거나 혹은 빌린 돈이 버는 돈에 비해 너무 많지 않으면 갚을 능력이 커지겠지요. 반대로 빌린 돈이 원래 가진 돈이나 버는 돈에 비해 많으면 갚을 능력은 작아져요.

두 번째 변수는 빌린 돈을 갚으려는 의지예요. 갚을 능력이 충분해도 갚으려는 의지가 없는 경우도 있지요. 충분한 재산을 가지고 있으면서도 그에 비해 얼마 안 되는 세금을 내지 않는 사람들처럼 말이에요. 2016년에 발표된 자료에 의하면 1,000만 원 이상의 세금을 미납한 개인의 수가 거의 3만 명에 달해요. 평균적으로 약 2,700만 원씩 미납한 상태고요.

그러니까 한 사람의 신용은 '갚을 능력×갚으려는 의지'예요. 갚을 능력이 부족하면 아무리 갚으려는 의지가 100퍼센트라고 해도 신용이 떨어져요. 마찬가지로 아무리 갚을 능력이 충분해도 갚으려는 의지가 없으면 신용이 나쁠 수밖에 없어요. 한 사람의 신용을 평가할 때는 두 가지 변수를 모두 확실히 파악해야만 해요.

두 변수 중 갚을 능력은 상대적으로 파악하기 쉬워요. 돈을 빌리려는 사람의 재산 상태나 월급 명세서 등을 통해 확인할 수 있으니까요. 또 다른 중요한 정보는 그 사람이 현재 빚을 얼마나 지고 있는가예요. 1억 원의 예금이 있다는 잔고 증명서를 보고 '돈이 많구나.' 하고 생각했는데 알고 보니 그게 다른 데서 빌린 돈이었다고 해 봐요. 실제 자기 돈은 한 푼도 없거나 심지어는 이미 빚이 너무 많아서 갚으려야 다 갚을 수 없는 경우도 있겠지요. 개인의 갚을 능력을 파악할 때는 이런 것도 다 따져 봐야 해요.

결국 한 사람의 재무 상태는 단지 가지고 있는 돈만 보고 판단해서는 안 돼요. 그게 진짜 그 사람 돈인지 아니면 빌려 온 돈인지를 구별해야 하니까요. 예를 들어 볼게요. A와 B 두 사람이 있어요. A는 현금으로 1억 원을 가지고 있고 B는 현금으로 2억 원을 가지고 있어요. 겉으로만 보면 B가 더 부자인 것 같아요. 이렇게 겉으로 드러난 돈과 재산을 가리켜 '자산'이라고도 불러요.

하지만 자산이 많다고 해서 꼭 더 부자인 건 아니에요. 예를 들어, A에게는 아무런 빚이 없는 반면 B에게는 1억 5,000만 원의 빚이 있다고 해 봐요. 갚아야 할 돈을 빼고 나면 B의 진짜 돈은 5,000만 원에 그쳐요. 빚이 없는 A는 1억 원 모두 진짜 자기 돈이고요. 그러니 순수한 자기 돈만 따지면 A가 B보다 더 부자인 셈이지요. 이처럼 가지고 있는 자산에서 갚아야 할 빚을 빼고 남는 진짜 자기 돈을 가리켜 '자본'이라고도 불러요.

자산과 자본 중에 무엇이 더 중요할까요? 말할 필요도 없이 자본이 더 중요해요. 그게 진짜 자기 돈이니까요. 자본보다 자산이 크다는 것은 누군가로부터 빚졌음을 뜻해요. 많은 경우, 빚진 대상은 은행이겠지요. 은행은 사람들이 실제로 가진 돈보다 더 많은 돈을 한시적으로 지니게 만드는 존재예요. 하지만 적지 않은 사람들

은 빌려 온 돈이 진짜 자기 돈이라는 착각에 빠져요.

한편 갚으려는 의지는 파악하기 어려워요. 돈을 빌리면서 "나는 돈 제때 안 갚을 겁니다." 하고 이야기하는 사람은 없어요. 그러면 어느 누구도 돈을 빌려주지 않을 테니까요. 말로는 다들 성실히 잘 갚겠다고 이야기할 거예요. 하지만 돈을 빌리는 모든 사람이 다 잘 갚지는 않아요. 마치 화장실에 가기 전과 갔다 온 후가 다른 것처럼요. 문제는 겉으로 드러나는 모습으로는 어떤 사람이 돈을 갚으려는 의지가 있는지 미리 알 수 없다는 점이에요.

은행은 이 문제를 어떻게 해결할까요? 돈을 빌리려는 사람이 과거에 한 행동을 통해 이 사람이 갚으려는 의지가 있을지를 파악하려고 해요. 돈을 빌렸다가 아무 문제 없이 갚은 적이 있으면 돈을 갚으려는 의지가 높다고 판단하는 거예요. 돈을 제때 갚은 횟수가 많을수록, 또 갚은 금액이 클수록 새로 빌린 돈도 갚으려는 의지가 더 강할 거라고 보지요. 하지만 이 방법은 완벽하지 않아요. 과거에 잘 갚았다고 해서 앞으로도 잘 갚으리라는 보장은 없으니까요.

지금까지 개인의 신용에 대해 이야기했지만 개인을 회사나 국가로 바꾸어도 마찬가지예요. 똑같은 논리가 성립하지요. 자본이 1억 원밖에 없는 사람이 2억 원을 빌리고 별 탈 없이 갚을 가능성은 그렇게 높지 않아요. 일단 갚을 능력이 기본적으로 부족하니까요. 회사나 국가도 마찬가지예요.

가령, 자본이 10억 원밖에 없는 회사가 그 이상의 빚을 지고 있다고 해 봐요. 이런 회사에 돈을 빌려주면 최악의 경우 돈을 다 돌려받지 못할지도 몰라요. 그 회사는 갚을 돈이 부족할 테니까요. 물론 회사가 정상적으로 비즈니스를 하고 있다면 조금 다른 이야기일 수 있어요. 만약 매년 물건을 팔아 100억 원의 매출을 얻고, 비용을 빼고 남는 이익이 매년 10억 원이라면 큰 문제 없이 갚을 수도 있겠지요. 그러니까 회사에 돈을 빌려줄 때는 이런 점도 잘 따져 봐야 할 거예요.

신용에 대해 좀 더 공식적인 등급을 부여하기도 해요. 개인에 대해서는 개인 신용 등급이 있는데, 이것을 전문적으로 매기는 회사도 있고 또 은행들이 자체적으로 정하기도 하지요. 또 신용 평가사라는 회사는 다른 회사나 국가의 신용 등급을 매기는 것을 주된 비즈니스로 해요. AAA, A, BB 등의 등급을 주는 대가로 돈을 빌리는 회사나 국가로부터 돈을 받지요. 돈을 빌리려는 쪽으로부터 돈을 받다 보니 신용 평가를 엉터리로 한다는 비판으로부터 자유롭지 못해요.

국가는 어떻게 돈을 빌릴까요?

　국가도 개인이나 회사와 다르지 않아요. 국가가 가지고 있는 자본에 비해 빚이 얼마나 많은지가 문제가 돼요. 또 국가가 벌어들이는 수입, 즉 세금에 비해 빌린 돈이 얼마나 되는지도 중요하지요.

　국가는 어디서 돈을 빌릴까요? 개인이나 회사처럼 은행으로부터 빌릴까요? 그럴 수는 없어요. 은행은 국가가 철저하게 감독하는 대상이에요. 자신이 감독하는 대상으로부터 돈을 빌린다면 감독이 제대로 이뤄질 수 없겠지요. 빌려 간 돈을 갑자기 다 갚으라고 하면 쩔쩔매게 될 테니까요.

　그러면 중앙은행으로부터 빌릴 수 있을까요? 그것도 이상한 이야기예요. 중앙은행은 기본적으로 국가가 만든 기관이에요. 자기가 만든 기관에 돈을 빌린다는 건 뭔가 앞뒤가 맞지 않는 이야기인 거예요. 관련된 예를 하나 들어 볼게요.

1990년대에 미국에서 아주 잘나가던 엔론이라는 회사가 있었어요. 1985년에 설립된 엔론은 하버드 비즈니스 스쿨에서 MBA를 취득한 제프 스킬링이라는 사람을 사장으로 영입하면서 사업 영역을 확장했어요. 스킬링의 전문 분야는 서류상 껍데기인 자회사를 세우고는 그 자회사들과 복잡한 거래를 하는 거였어요. 엔론이 대외적으로 공표한 이익이 워낙 많아서 미국의 잡지 『포춘』은 엔론을 '미국에서 가장 혁신적인 회사'로 1996년부터 2001년까지 6년 연속 선정했어요. 직원들은 엔론에 다닌다는 사실을 주변에 자랑할 정도였지요.

그런데 나중에 알고 보니 엔론이 자회사와 했다는 거래는 돈을 빌리거나 혹은 손실을 숨기는 이상한 거래였어요. 자신이 만든, 그것도 껍데기뿐인 자회사로부터 돈을 빌렸다는 건 말이 안 되잖아요. 실제로는 없는 돈을 빌리며 서류상으로만 손실을 감춘 것이었어요. 결국 2001년 악질적인 회계 부정이 밝혀지면서 엔론은 파산했어요. 엔론에 돈을 빌려준 사람들과 직원들도 같이 망했지요. 스킬링은 감옥에 갔고 스킬링의 회계 부정을 눈감아 준 아서앤더슨이라는 회계 법인도 문을 닫았어요.

회사를 예로 들었지만 국가로 바꾸어 생각해도 상황은 마찬가지예요. 국가가 중앙은행으로부터 돈을 빌리는 것은 위험한 눈속임이에요.

그렇다면 국가는 어떻게 돈을 빌릴 수 있을까요? 방법이 하나 있어요. 바로 국채를 발행하는 거예요. 국채라는 말이 여러분에게는 굉장히 생소하게 들릴 거예요. 국채는 '국가의 채무 증서'를 줄인 말이에요. 채무는 빚을 의미하는 한자어고, 증서는 무언가를 증명하는 종이 서류라는 뜻이지요. 합치면 '국가가 돈을 빌렸음을 증명하는 종이'가 돼요. 쉽게 말해 내가 너에게 빌린 돈이 있으니 이자를 포함한 얼마의 돈을 어느 날에 갚겠다는 약속의 징표예요. 미국의 경우, 재무부가 국채를 발행하는 주체예요.

앞에서도 이야기했지만 빚은 혼자서 얻을 수 없어요. 누군가 돈을 빌려주는 사람이 있어야 해요. 그러면 국가는 누구에게 돈을 빌리는 걸까요? 표면적으로 보면 투자자로부터 빌려요. 국채를 발행하면 투자자들이 현금을 들고 와서 국채를 사요. '내가 나중에 얼마의 돈을 갚겠소.' 하는 종이쪽지와 현금을 맞바꾸는 것이에요.

돈을 빌려주는 사람 입장에서는 빌리는 사람이 나중에 오리발을 내밀까 걱정스럽잖아요. 그럴 때를 대비해서 보통 차용증이라는 증서를 받아요. 채무 증서는 차용증과 본질적으로 성격이 같아요. 채무 증서는 채권이라고도 해요.

그렇다면 국채를 사는, 즉 국가에 돈을 빌려주는 투자자는 누굴까요? 굵직굵직한 곳들만 이야기하자면, 각종 연기금, 보험 회사, 그리고 자산 운용사들이에요. 이들이 국채를 사는 이유는 국가가 부도날 가능성이 거의 없다고 보기 때문이에요. 받을 수 있는 이자는 제일 적은 편이지만 원금을 돌려받지 못할 염려는 덜어도 되는 것이지요.

국가는 빌린 돈을 어떻게 갚을까요? 공식적인 대답은 '세금을 걷어서 갚는다.'예요. 국가가 돈을 마련할 수 있는 방법은 세금 외에는 없어요. 세금을 걷어서 공무원에게 월급을 주고 공공사업을 벌이고 남는 돈이 있으면 그걸로 빚을 갚는 것이지요. 개인이 월급을 받고 회사가 매출을 올리는 것과 다르지 않아요.

그런데 이야기를 따라가다 보니 질문이 하나 떠올라요. 세금을 걷으면 되는데 국가는 왜 굳이 돈을 빌릴까요?

걷은 세금보다 더 많은 돈을 쓰려고 하기 때문이에요. 쉽게 말해 쓸 돈이 부족한 거예요. 세금을 더 걷어서 해결할 수도 있지만 이미 너무 많이 걷고 있기 때문에 쉽지 않아요. 그러니 국채라는 이름으로 일단 빌려서 모자라는 돈을 메꾸는 것이에요.

역사적으로 보면 국가는 주로 전쟁 때문에 돈을 빌렸어요. 17세기에 들어 프랑스와 영국은 유럽의 헤게모니를 놓고 치열하게 다투었어요. 당시 프랑스의 왕이었던 루이 14세는 체계적으로 징수한 세금으로 1643년경 2만 명에 지나지 않던 프랑스 상비군을 1694년에는 무려 40만 명으로 늘렸어요.

한편 1688년 영국에서는 명예혁명이 일어나 제임스 2세가 물러나고 네덜란드의 오렌지공 윌리엄이 영국 왕 윌리엄 3세가 되면서, 프랑스와 영국-네덜란드 사이에 9년 전쟁이 시작됐어요. 특히 1690년 영국 해협의 비치헤드 전투에서 75척의 프랑스 해군이 56척의 영국-네덜란드 해군을 물리친 사건이 유명해요. 당시 프랑스는 배를 한 척도 잃지 않은 반면, 영국과 네덜란드는 10척가량의 배를 격침당했어요. 윌리엄 3세는 위기에 처했지요.

전쟁을 계속하기 위해서는 많은 돈이 필요했어요. 하지만 윌리엄 3세는 이미 개인적으로도 많은 빚을 지고 있던 터라 해군을 재건하는 데 필요한 돈을 추가로 빌리기는 매우 어려웠어요. 윌리엄 3세는 런던에 거주하는 일군의 고리대금업자들을 상대로 협상을 벌였어요. 왕정의 채권을 사 주면 영국 내에서 통용되는 돈을 발행할 수 있는 독점적인 권리를 주겠다고 한 거예요. 협상이 타결되어 윌리엄 3세는 연 8퍼센트의 이자를 물기로 하고 120만 파운드의 돈을 빌렸어요. 일군의 고리대금업자들은 영국은행이 되었지요. 이게 영국의 중앙은행인 영국은행이 세워진 배경이에요.

당장 어떤 비용이 모자라서 빌린 돈이 나중에 저절로 갚아지지는 않아요. 돈을 마련해야 갚을 수 있지요. 국가가 빚을 갚기를 원한다면 이론적으로는 세금을 아껴서 갚는 게 맞아요. 하지만 그렇게 하는 국가는 매우 드물어요. 대부분의 국가는 또 다른 국채를 발행해서 갚아요. 예전에 진 빚을 새로운 빚으로 갚는 거예요. 아랫돌을 빼서 윗돌을 괴는 거랑 다르지 않지요. 무언가 이상하다는 생각이 들지 않나요? 이 질문에 대해서는 뒤의 4부에서 다시 고민

해 보려고 해요.

국가가 진 빚이 너무 많으면 문제가 돼요. 사람들 사이에서 '이 나라가 빌린 돈을 떼먹지 않을까?' 하는 의문이 들기 시작하면 아무도 더 이상 그 나라에 돈을 빌려주려고 하지 않겠지요. 새로운 국채를 발행하려고 해도 사겠다는 사람이 없으면 국가는 돈을 빌릴 수가 없어요. 그러면 과거에 빌린 돈을 갚을 수 없으니 국가는 파산하게 돼요. 이를 '모라토리엄'이라고 불러요. 사전적으로는 돈을 나중에 갚겠다는 것인데, 듣기 좋게 표현한 것뿐이고 결국은 "돈 없어." 하고 책임을 회피하는 것과 다르지 않아요.

모라토리엄은 굉장히 드문 일일까요? 그렇지 않아요. 금융의 역사를 조금만 훑어보아도 숱한 예를 발견할 수 있어요. 앞에 나왔던 16세기 스페인은 물론이거니와, 19세기 영국도 세 번이나 모라토리엄을 선언했어요. 영국은 19세기에 세계에서 가장 돈이 많고 힘센 나라였어요. 그럼에도 불구하고 빚을 못 갚겠다고 선언하는 일이 벌어졌지요. 모라토리엄이 개발 도상국의 일만은 아니라는 거예요.

20세기 이후로도 많은 사례가 있어요. 1980년대에는 멕시코, 브라질, 아르헨티나 등의 중남미 국가들이, 1998년 금융 위기 때는 말레이시아와 러시아 등이, 2009년에는 한창 잘나가던 아랍 에미리트의 두바이가 모라토리엄을 선언했지요. 2011년에는 그리스가 위기를 맞이했고 최근에는 베네수엘라가 아슬아슬한 상태예요.

국가의 빚이 많은지 적은지는 어떻게 알 수 있을까요? 가장 많이 쓰는 방법은 그 나라의 국내 총생산과 빚의 양을 비교하는 거예요. 보통 빚의 크기가 국내 총생산의 100퍼센트를 넘으면 지나치게 많다고 판단해요. 국가의 빚을 계산할 때는 문제가 생기면 대신 갚아 주겠다고 국가가 보증을 선 돈까지 국가의 빚으로 보는 것이 타당하겠지요.

회사가
빚을 갚지 못하면
어떻게 되나요?

회사가 빚을 갚지 못하면 어떻게 될까요? 이건 굉장히 중요한 질문이에요. 여러분이 살고 있는 자본주의 시스템이 어떻게 작동하는지를 이해하는 데 꼭 필요한 질문이거든요. 이 질문에 대한 답을 하기 전에 먼저 어느 유명한 사람에 대한 이야기를 해 볼게요. 바로 2016년 미국의 대통령으로 선출된 도널드 트럼프 이야기예요.

미국 동부 뉴저지에는 애틀랜틱시티라는 도시가 있어요. 애틀랜틱시티는 카지노, 즉 도박장으로 유명한 도시예요. 미국 서부 네바다에 라스베이거스가 있다면 동부에는 애틀랜틱시티가 있는 셈이지요. 아버지에게 물려받은 돈으로 부동산 개발업자가 된 트럼프는 1980년대에 카지노 사업에 손을 대요. 그가 주목한 곳이 바로 애틀랜틱시티였어요.

트럼프는 연달아 세 곳의 카지노를 열었어요. 그런데 세계 어느 곳에서도 카지노는 홀로 존재하지 않아요. 반드시 호텔과 함께 있어요. 카지노에 와서 돈을 쓰는 사람들이 묵을 수 있도록 하기 위해서예요. 지내기가 편안해야 오래 머물면서 계속 돈을 쓰고 잃고 할 테니까요. 트럼프는 카지노가 들어간 호텔 세 곳을 지었어요.

특히 세 번째로 지은 카지노 호텔은 어마어마했어요. 1990년 4월에 오픈한 42층 규모의 이 호텔은 뉴저지에서 가장 큰 빌딩이었어요. 게다가 이 호텔의 카지노는 전 세계에서 가장 큰 규모를 자랑했어요. 호텔의 이름은 '트럼프 타지마할'이었지요. 타지마할은 인도에 있는 궁전 형식의 무덤으로 아름다움과 화려함의 극치예요. 트럼프는 자신의 트럼프 타지마할을 세계의 여덟 번째 불가사의라고 부르겠다며 과시했어요.

그렇게 큰 호텔을 짓는 데는 당연히 많은 돈이 들어갔어요. 트럼프 타지마할의 건설 비용은 당시 돈으로 1조 원에 육박했어요. 트럼프가 자기 돈을 들여서 호텔을 짓는 것을 비난할 사람은 없을 거예요. 호텔 사업이 잘되건 못 되건 다 트럼프가 책임지면 될 일이니까요. 하지만 트럼프는 호텔을 자기 돈으로 짓지 않았어요. 그러면 무슨 돈으로 지었을까요?

트럼프는 우선 회사를 하나 샀어요. 회사를 샀다는 건 그 회사 주식의 50퍼센트 이상을 샀다는 이야기예요. 주식은 회사의 지분을 가리키는 말이에요. 회사 주식의 절반 이상을 갖게 되면 회사를 좌지우지할 수 있는 권한을 얻게 돼요. 트럼프는 그 권한을 이용해서 회사 이름으로 빚을 냈어요. 국가가 돈을 빌릴 때처럼 회사가 채권을 발행하는 방식으로 돈을 빌린 거예요. 이를 통해 6,750억 원의 돈을 마련했어요. 트럼프의 회사는 원래부터 가지고 있던 빚에 더해 8,200억 원 이상의 빚을 지게 되었어요. 호텔을 짓는 일에 트럼프 개인의 돈은 1,000억 원 조금 넘게 들어갔어요. 물론 1,000억 원은 큰돈이에요. 하지만 필요한 돈 전체로 보면 10퍼센트 남짓에 불과했지요.

트럼프의 회사가 새롭게 빌린 돈의 이자율은 1년에 14퍼센트였어요. 100이라는 돈을 빌리면 이자로만 1년에 14씩 갚아야 하는 거예요. 이자를 제때 못 갚아서 내버려 두면 약 5년 만에 갚아야 할 돈이 두 배로 커지는 무시무시한 이자율이지요. 빌린 돈이 6,750억 원이니 1년에 이자만 945억 원, 거의 1,000억 원씩 갚아야 하는 조건이었어요.

이렇게 높은 이자율을 갚겠다고 약속하는 채권을 '정크 본드^{junk}

bond'라고 불러요. '정크 푸드'라는 말 들어 본 적 있지요? 정크^{junk}는 쓰레기라는 뜻이에요. 열량은 높지만 영양가는 낮은 패스트푸드, 인스턴트 식품 등을 가리키는 정크 푸드는 글자 그대로라면 '쓰레기 같은 음식'이지요. 본드^{bond}는 채권을 뜻하는 단어예요. 합치면 '쓰레기 같은 채권'이 돼요.

왜 채권을 쓰레기에 비유하냐면 그 채권을 발행한 회사가 돈을 갚지 않을 것 같아서예요. 회사가 돈을 갚지 않으면 채권은 그냥 휴지 조각이 되어 버리니까요. 오죽 못 미더운 회사면 연 14퍼센트라는 엄청나게 높은 이자율을 약속하고서야 돈을 빌릴 수 있었겠어요. 그만큼 트럼프의 회사는 돈을 갚지 못하고 부도날 가능성이 컸던 거예요. 정크 본드를 발행하지 않고서는 돈을 마련할 길이 없었어요.

트럼프의 장담에도 불구하고 카지노 호텔들의 수입은 신통치 않았어요. 트럼프 타지마할은 1년 만에 부도가 나면서 파산 법정에 가게 됐지요. 그 뒤로도 부도를 거듭해 2009년에 네 번째, 2014년에 다섯 번째로 파산 신청을 했어요. 이렇게 사업이 엉망진창이 됐으니 트럼프가 그에 대한 책임을 져야 할 것 같잖아요?

하지만 트럼프 개인은 거의 책임을 지지 않았어요. 트럼프의 회사가 주식회사였기 때문이에요. 주식 소유자, 즉 주주는 회사가 망해도 아무런 책임이 없어요. 단지 자신의 주식이 휴지 조각이 될 뿐이에요. 주식을 사느라 들인 돈이 1,000억 원이었다면 트럼프의 손실은 최대 1,000억 원까지예요. 트럼프의 회사가 빌린 돈을 갚지 못하더라도 트럼프는 아무런 책임을 지지 않아요. 돈을 물어 낼 의무도 없고 회사가 망했다는 이유로 감옥에 가지도 않아요. 그냥 회사가 부도 처리될 뿐이에요.

이게 바로 주식회사의 가장 큰 특징이에요. 주식회사를 처음 만들 때는 자본이 필요해요. 예를 들어, 1,000만 원의 자본으로 주식회사를 세웠다고 해 봐요. 그리고 주식을 총 1,000주 발행했다고 가정해 봐요. 그러면 한 주를 갖기 위해서는 1만 원을 내놓아야 돼요. 500만 원을 내놓으면 500주를 갖게 되겠지요. 이렇게 주식을 산 사람들을 주주라고 해요. 회사의 결정은 회사의 주주들이 내려요.

그렇게 세워진 후, 회사는 비즈니스를 시작해요. 물론 회사가 가진 1,000만 원의 돈으로만 비즈니스를 할 수도 있어요. 그 돈으로 직원들 월급도 주고 재료비도 치르겠지요. 하지만 또 다른 방법이 있어요. 회사 이름으로 빚을 지는 거예요. 비즈니스가 잘 굴러가면 빚을 진 게 주주 입장에서는 더 유리할 수 있어요. 하지만 비즈니스가 잘 안 되면 빚을 진 만큼 파산하기 더 쉬워요.

회사는 빌린 돈을 갚지 못하면 망하는 게 전부예요. 회사를 감옥에 보낼 방법은 없어요. 반면 개인은 빌린 돈을 갚지 못하면 재산을 뺏길 뿐만 아니라 감옥에 갈 수도 있어요. 개인 자격으로 사업을 하다 망하면 그 개인의 재산까지 잃게 될 가능성이 높아요. 하지만 회사를 차려서 사업을 하면 회사에 넣은 돈 이상 손실을 볼 일은 없어요. 그러니 개인보다는 회사를 차려서 돈을 빌리는 게 더 안전하지요.

그러니 너도나도 회사를 차려요. 비즈니스가 잘 안 돼도 회사에 넣지 않은 개인 재산이 없어질 리는 없으니 밑져야 본전이라는 심정으로 회사를 통해 빚을 지는 거예요. 그렇게 회사들은 막대한 돈을 빌려요. 빌린 돈은 멀쩡한 현금으로 둔갑해 물가를 오르게 해요. 은행들은 자기 돈도 아닌 돈을 빌려주고는 이자를 받아 돈을 벌어요. 회사가 돈을 갚지 못해도 은행 입장에서 큰 문제는 없어요. 그때는 회사를 통째로 가질 수 있으니까요.

이것이 여러분이 살고 있는 자본주의 시스템이에요.

왜 어떤 회사는
망하지 않도록 나라가 나서서
도와주는 건가요?

　부도나는 회사가 하나도 없을 수는 없어요. 비즈니스가 잘되는 회사도 물론 있지요. 이익을 많이 남기고 크게 성장하는 회사도 당연히 있고요. 하지만 모든 회사가 다 그럴 수는 없잖아요. 공부도 잘하는 사람이 있으면 못하는 사람이 있고, 노래도 잘하는 사람이 있으면 못하는 사람도 있는 것과 마찬가지예요.

　그런데 회사가 재정적으로 어려워지면 시끄러워져요. 텔레비전 뉴스나 신문에서도 큰일이 난 것처럼 연일 보도하지요. 회사가 망하게 내버려 두면 안 된다는 이야기도 나오고, 반대로 시장 원리에 반해 개입해서는 안 된다는 이야기도 나와요. 어느 말이 맞고 어느 말이 틀린지 혼란스럽기 그지없어요.

회사가 망한다는 것은 무슨 의미일까요? 생각 실험을 같이 해봐요. 똑같은 비즈니스를 하는 두 회사가 있다고 가정하는 거예요. 첫 번째 회사는 자신의 자본으로만 이뤄진 회사예요. 다시 말해 전혀 빚을 지지 않았어요. 주주들이 내놓은 돈으로만 운영되는 회사지요. 두 번째 회사는 빚을 진 회사예요.

비즈니스가 똑같이 잘 안 되었을 때 무슨 일이 벌어질까요? 첫 번째 회사는 자본금이 조금 줄어들 뿐이에요. 하지만 두 번째 회사는 더 큰 손실을 입어요. 물건이 안 팔려서 입은 손실뿐만 아니라 빚에 대한 이자까지 감당해야 하기 때문이지요.

좀 더 구체적으로 숫자를 가지고 이야기해 볼게요. 첫 번째 회사는 자본으로만 100의 돈을 가지고 있어요. 두 번째 회사는 자본으로 10, 빌린 돈으로 90, 합쳐서 100의 돈을 가지고 있어요. 앞에 나왔던 트럼프의 회사를 생각하면 이해가 빠를 거예요.

비즈니스를 시작한 첫해에 물건이 안 팔려서 5의 손실을 봤다고 해 봐요. 첫 번째 회사의 자본은 100에서 95로 줄어들어요. 물론 속이 쓰리지요. 하지만 아직 95의 돈이 남아 있고 또 다음 해에 잘될 가능성도 여전히 남아 있어요. 더 좋은 물건을 만들어서 많이 팔기 위해 애쓰면 돼요.

반면 두 번째 회사는 전혀 다른 수준의 위기에 처해요. 첫 번째 회사처럼 우선 5의 손실을 입었어요. 거기에 90의 빚에 대한 이자를 갚아야 해요. 대출 이자율이 연 10퍼센트라고 하면 9의 돈이 나가야 해요. 합치면 총 14의 돈이 없어지는 거예요. 그러면 남아 있는 돈은 86뿐이에요. 은행 입장에서는 90을 빌려줬는데 회사가 가진 돈은 86밖에 없으니 원금을 다 돌려받지도 못하는 상황이 됐어요. 주주들이 내놓았던 10의 돈은 이미 온데간데없이 사라졌고요. 두 번째 회사는 자동적으로 파산 상태예요.

이처럼 회사들이 쉽게 망하는 데는 빚이 적지 않은 역할을 해요. 빚이 없는 회사라면 너끈히 견뎠을 손실에도 무너져 버리지요.

회사가 망하면 무슨 문제가 생길까요? 우선 회사의 주주들이 손실을 봐요. 하지만 이건 큰 문제가 아니에요. 자신들이 경영을 잘못해서 입은 손해를 주위에서 메꾸어 줄 수는 없잖아요. 시험을 망친 학생의 점수를 고쳐서 성적을 올려 주는 것과 다르지 않으니까요. 이것이야말로 시장 원리에 맡겨 국가가 개입하지 말아야 할 사항이에요.

하지만 회사 직원들의 처지는 생각해 볼 필요가 있어요. 이 사람들은 단지 금전적 손실을 입는 데 그치는 게 아니라 직장을 잃는 거예요. 직원의 수가 많을수록 문제가 커져요. 많은 사람이 갑자기 실업자가 된다고 생각해 봐요. 회사가 망해도 어쩔 수 없다고 쉽게 이야기하기 어려워요. 국민들의 삶을 지킬 의무가 있는 국가라면 더욱 그래요.

원래 미국에는 크게 세 곳의 자동차 회사가 있었어요. 그중에 제일 큰 곳이 GM, 즉 제너럴모터스였어요. 제너럴모터스는 지난 수십 년간 미국의 자부심이었어요. 미국뿐만 아니라 세계에서 제일 큰 자동차 회사였거든요. 1950년대에 제너럴모터스의 회장이었던 엔지니어가 "제너럴모터스에 좋은 것은 미국에도 좋은 겁니다." 하고 자신 있게 이야기할 정도였어요. 그 정도로 제너럴모터스의 위치는 미국 내에서 특별했지요.

그랬던 제너럴모터스가 서서히 경쟁력을 잃어 2008년 금융 위기 때 파산 직전에 몰렸어요. 물론 제너럴모터스 내부의 문제도 적지 않았어요. 자신들이 최고라는 자만심에 빠져 새로운 테크놀로지와 제품 개발을 소홀히 했고 금융 자회사를 만들어 돈놀이에 빠지기도 했지요. 하지만 그대로 망하게 내버려 두면 너무나 큰 사회적인 충격이 발생할 수밖에 없었어요. 제너럴모터스의 직원 수만 명 외에도 자동차 산업에 관련된 부품 업체 등의 직원들을 합치면 100만 명이 넘는 사람들이 실업자가 될 지경이었거든요.

결국 미국 정부는 50조 원 이상의 돈을 투입해 제너럴모터스의 최대 주주가 됐어요. 쉽게 말해 회사를 국유화한 거예요. 국가의 경제와 국민들의 생활에 너무 큰 파장을 미친다고 판단되면 자본주의가 가장 발달한 미국 같은 국가도 사기업을 국영 기업으로 만들기도 해요.

그런데 이후 미국의 행보는 조금 수상해요. 2009년 제너럴모터스를 제치고 세계 1위의 자동차 회사로 올라선 일본 도요타의 고급 브랜드인 렉서스 차량에 치명적 결함이 있다며 문제를 제기한

거예요. 도요타는 이로 인해 이미지에 큰 타격을 입고는 2011년 제너럴모터스에 다시 1위 자리를 내주어야 했지요. 하지만 제너럴모터스는 다음 해인 2012년에 다시 2위로 밀렸어요.

2015년에는 독일의 폭스바겐이 새로이 1위로 올라섰어요. 2위는 도요타, 3위는 독일의 다임러로 제너럴모터스는 4위까지 밀려나 있었지요. 그런데 미국은 폭스바겐이 배기가스 데이터를 조작했다며 또다시 문제를 제기했어요. 폭스바겐이 데이터를 조작한건 부인할 수 없는 사실이에요. 해서는 안 되는 일을 한 것이지요. 하지만 왜 갑자기 미국이 이런 문제를 제기했을까도 생각해 봐야해요. 독일 사람들은 이것을 미국의 정치적인 음모로 느낀다고 해요. 필요하다고 판단되면 이런 일도 벌이는 게 국가이니까요.

이렇게 회사 중에는 망하게 내버려 둘 수 없는 회사가 있어요. 국영 기업 혹은 공기업이 그러한 회사들이지요. 예를 들어, 한국전력이라는 회사를 생각해 봐요. 우리나라에서 유일하게 전기를 공급하는 회사예요. 한국전력이 망하면 갑자기 전기가 끊기게 돼요. 전기가 끊기도록 내버려 둘 수는 없겠지요? 단지 시장에만 맡겨놓을 수 없는 경제 활동이 있다는 이야기예요.

'신용 불량자'가 되면
어떻게 되나요?

　앞에서는 국가와 회사가 빚을 갚지 못했을 때 어떤 일이 벌어지는지 알아봤어요. 이번에는 개인이 빚을 갚지 못하면 어떻게 되는지를 알아볼 차례예요.

　'신용 불량자'는 글자 그대로 신용이 나쁜 사람을 뜻해요. 사실이 말은 더 이상 쓰면 안 되는 말이에요. 지금은 공식적으로 '채무 불이행자'라는 말로 바뀌었어요. 은행에서 빌렸다가 갚지 못한 금액이 얼마 이상이 되거나 혹은 신용 카드로 사용한 금액을 갚지 못하면 채무 불이행자로 등록돼요. 이 외에도 전기 요금이라든지 세금을 제때 내지 않고 연체해도 채무 불이행자가 될 수 있어요. 채무 불이행자에 대한 정보는 모든 금융 회사들 사이에 공유돼요.

채무 불이행자가 되면 금융과 관련된 활동에 여러 제약이 생겨요. 우선 더 이상 대출을 받을 수 없어요. 기존에 빌린 돈을 갚지 못해서 채무 불이행자가 된 사람에게 또 돈을 빌려줄 수는 없잖아요. 새로 빌려준 돈을 돌려받을 가능성이 매우 낮을 테니까요. 갚을 능력이나 혹은 갚으려는 의지가 미약하다고 보는 거예요.

청소년인 여러분은 아직 신용 카드가 없겠지요? 신용 카드는 물건을 살 때 현금 대신 쓸 수 있는 수단이에요. 그 대신 이렇게 쓴 돈을 한 달쯤 후에 한꺼번에 갚아야 해요. 그러니까 신용 카드사는 개인에게 짧은 기간 동안 돈을 빌려주는 것을 비즈니스로 하는 금융 회사예요. 신용 카드로 쓴 돈을 다음 달에 다 갚으면 이자를 내지 않아요. 하지만 연체하거나 할부로 갚으면 상당히 높은 이자를 물게 돼요. 또 신용 카드는 현금 서비스라고 해서 현금 인출기에서 소액의 현금을 뽑는 데도 쓸 수 있어요. 이것도 신용 카드사로부터 돈을 빌리는 거지요. 현금 서비스의 대출 이자율은 꽤 높아요. 채무 불이행자가 되면 새로운 신용 카드도 만들 수 없어요. 신용 카드로 쓴 돈을 갚지 않을 가능성이 높기 때문이에요.

채무 불이행자는 재산 압류를 당할 수도 있어요. 돈을 되돌려 받으려는 금융 회사가 매달 들어오는 월급이나 예금을 그대로 가져가는 것이에요. 집이나 자동차 같은 재산을 강제로 팔아서 갚게 만들기도 하는데 다 갚고 남는 돈이 있으면 돌려받기는 해요. 하지만 정든 집이나 자동차를 잃게 되지요.

한번 채무 불이행자가 되면 돈을 다 갚더라도 채무 불이행자라는 기록이 한동안 남아 있어요. 꼬리표가 따라다니니 새로운 금융 거래를 원해도 예전처럼 마음대로 할 수가 없게 되는 거예요. 취업이나 다른 사회 활동에도 부정적인 영향이 생길 수 있지요. 그러니 가능하면 채무 불이행자가 되지 않도록 애쓰는 게 좋아요.

개인이 채무 불이행자가 되면 다시는 재기할 수 없을까요? 그렇지는 않아요. 채무 불이행자가 되면 크게 세 가지 길이 남아 있어요.

첫 번째 길은 돈을 다 갚는 거예요. 단지 연체했을 뿐, 내게 돈이 있어서 빚을 다 갚을 수 있는 경우 가능한 일이겠죠. 빚을 다 갚으면 더 이상 독촉에 시달리지 않을 거예요. 시간이 걸리기는 하지만 언젠가는 연체했다는 기록도 없어지게 돼요. 그리고 나면 정상적인 경제생활을 누릴 수 있지요.

두 번째 길은 워크아웃이라는 제도를 이용하는 거예요. 간단히 이야기하자면, 공적인 기관으로부터 일정 범위 이내의 빚을 갚을 수 있도록 도움을 받는 거예요. 공적인 기관은 기존의 이자는 물론이고 연체로 인한 추가 이자까지 모두 없애 주고 갚아야 할 원금도 경우에 따라 일정 규모 줄여 주는 방식으로 도움을 줘요. 그 대신 월급을 받으면 얼마씩은 원금을 갚는 데 쓰겠다고 약속하고 그대로 지켜야 해요. 잘 갚아 나가면 다 갚기 전이라도 채무 불이행자 신분에서 벗어날 수 있어요.

세 번째 길은 법원의 힘을 빌리는 거예요. 개인 회생이라는 절차를 신청하면 최대 5년간 월급 등으로 갚을 수 있는 금액까지 갚고 남은 빚은 법원이 없애 줘요. 또 개인 파산을 신청할 수도 있어요. 갚는 것이 불가능하다고 법원이 판단하면 모든 빚을 없애 주는 거예요. 정말 최후의 수단이지요. 그 대신 법원의 힘을 빌리면 채무 불이행자라는 기록이 가장 오래 남아요.

갚을 능력이 충분하지 않은 사람에게 일단 돈을 빌려주고 보는 것이 채무 불이행자를 만드는 가장 큰 원인일 수 있어요. 빌려준다는 말에 혹해 일단 쓰고 봐야지 했다가는 큰일 나지요. 여러분도 나중에 어른이 되어서 감당할 수 있는 범위를 넘어서서 돈을 빌리지 않도록 조심해야 해요.

빚을 지는 건
무조건 나쁜가요?

우리가 금융이라고 부르는 대상의 반 이상은 대출, 즉 빚을 지게 하고 이자를 받아 가는 거예요. 은행을 비롯한 각종 금융 회사들은 개인을 상대로 돈을 빌려주는 비즈니스를 해요. 증권사나 보험사도 마찬가지예요. 대출을 안 할 것 같지만 다 해요.

개인 입장에서 빚은 무조건 나쁜 걸까요? 꼭 그렇지는 않아요. 빚이 필요하거나 편리한 경우도 있기는 있어요. 세상에서 대출을 아예 없애기는 어려운 이유예요.

예를 들어, 6개월 후에 만료되는 적금 1,000만 원이 있다고 해 봐요. 대학 등록금을 위해 몇 년에 걸쳐서 조금씩 저축해 둔 돈이지요. 그런데 지금 당장 입학금과 등록금을 내야 해요. 가지고 있는 예금으로는 돈이 부족해요. 그렇다고 적금을 깨자니 이자를 손해 보게 되는 상황이에요. 이럴 때 대출은 틀림없이 유용해요. 1,000만 원 이내의 돈을 빌려 등록금을 내고 6개월 후에 적금을 타서 갚을 수 있게 해 주니까요. 연 5퍼센트의 이자율로 1,000만 원을 빌렸다면 6개월 후에 갚을 이자는 25만 원이에요. 적지 않은 돈이지만 감당하지 못할 정도는 아니지요.

하지만 모든 사람이 대출을 현명하게 활용하는 건 아니에요. 빚을 지게 되면서 악순환에 빠지는 경우가 훨씬 많아요. 대표적인 상황은 장래에 생길 돈이 없는데 단지 지금 돈이 없다는 이유로 빚을 내는 경우예요. 그렇게 빌린 돈은 조만간 더 큰 부담이 되어 빌린 사람을 짓누르게 되니까요. 마치 조난당한 배의 선원이 목이 마르다는 이유로 바닷물을 마시는 것과 비슷해요. 당장은 갈증을 해소하는 것 같지만 얼마 못 가 더 큰 갈증을 느끼면서 죽는 것처럼요. 갚을 돈이 없는 사람이 빚을 지면 이자조차 갚지 못해 결국 갚아야 할 돈이 기하급수적으로 불어나요. 이러한 것을 '죽음의 소용돌이'라고 표현하기도 해요.

언제 얼마의 돈이 생길지 모르면서 빚을 지는 사람 중에는 피치 못할 사정을 가진 경우도 있어요. 대표적인 예가 학자금 대출을 받는 대학생들이에요. 요즘 우리나라에도 학자금 대출을 받는 대학생 수가 늘어나고 있지요. 그런데 미국은 그 정도가 훨씬 심해요. 대부분의 미국 대학생들은 대학 등록금을 본인 스스로 해결해야 해요. 대학에 들어가면서 집을 떠나 혼자 살기 때문에 학비 외에 생활비도 마련해야 하고요.

미국 대학의 학비는 어느 정도일까요? 유명 사립대의 경우 1년에 약 6,000~7,000만 원의 등록금을 내야 해요. 주립 대학이라고 해서 아주 많이 저렴하지도 않아요. 거의 6,000만 원에 육박하는 경우도 꽤 있으니까요. 거기에 기숙사비와 책값, 밥값 등을 생각하면 아무리 아껴도 1년에 2,000~3,000만 원은 족히 더 들어요. 그러니 대략 1년에 1억 원 가까운 돈을 쓰게 되지요. 학교를 4년 다니면 4억 원의 돈이 드는 셈이에요.

이 돈은 잘사는 나라인 미국 사람의 기준으로도 만만치 않은 금액이에요. 미국의 1인당 국민 소득은 2016년 기준 약 5,600만 원이거든요. 부부가 맞벌이를 한다고 해도 1년간 버는 돈이 1억 1,000만 원에 그쳐요.

그러니 평균적인 미국 가정은 대학에 다니는 자녀의 교육비를 물리적으로 감당할 방법이 없어요. 그렇다 보니 미국에서는 어느 대학에서 입학 허가를 받았느냐가 중요한 게 아니라 어느 대학으로부터 장학금을 받게 됐느냐가 훨씬 중요해요. 장학금을 받지 않고 미국 대학을 다니기란 쉽지 않아요.

하지만 모든 미국 학생이 장학금을 받을 수는 없겠지요. 그때는 학자금 대출을 받아요. 2016년 기준 미국 백악관이 펴낸 보고서에 의하면 미국 대학생들이 학자금 대출을 받은 총액은 약 1,300조 원이에요. 평균적으로 대학생 한 명당 거의 2,000만 원에 달하는 빚을 지고 있는 셈이지요. 장학금 등을 받아 빚이 없는 학생도 있음을 생각하면 실제로 빚을 진 학생들의 부담은 2,000만 원보다 더 많겠지요. 실제로 이들은 대학을 졸업하자마자 빚을 갚아 나가느라 굉장히 고생해요.

학자금 대출에 대한 이자율은 얼마나 될까요? 대학을 다니겠다는 건 미래를 위해 시간과 노력을 투자하려는 거지요. 등록금 때문에 빌린 돈은 그냥 흥청망청 써 없애는 돈이 아니에요. 그런 가상한 뜻을 감안하면 좀 더 혜택이 있어야 할 것 같지 않나요?

현실은 그렇지 않아요. 학자금 대출에 대한 이자율은 다른 대출에 비해 높은 편이에요. 낮아도 연 6퍼센트 정도고 높으면 연 10퍼센트 정도예요.

왜 그럴까요? 이유는 바로 대학생들의 신용 등급이 높지 않기 때문이에요. 그런데 생각해 보면 대학생들은 신용 등급이 높을 수가 없어요. 가진 돈이 많을 리도 없고 아직 학생이니 정기적인 수입도 없으니까요. 아직 돈을 쓰기만 할 때이지요. 돈을 빌려주는 은행의 관점에서 보면 가장 위험한 사람이에요.

은행들은 돈을 빌려줄 때 이렇게 생각해요. '돈을 꼭 갚을 것 같으면 이자를 조금 덜 받더라도 빌려줄 수 있다. 어쨌거나 이자를 벌 수 있으니까. 하지만 돈을 잘 안 갚을 것 같으면 이자율을 높여야 한다. 원금도 못 받는 경우 손실을 채우려면 이자라도 많이 받아 두어야 한다. 이자율이 높은 만큼 꼭 필요한 사람이나 회사만 돈을 빌릴 것이다.' 이런 생각은 재무론 교과서도 당연하게 여기는 내용이에요. 돈을 갚지 못할 위험이 클수록 더 높은 대출 이자율을 물려야 한다는 거지요.

돈을 빌리는 주체가 회사라면 위험해 보일수록 은행이 높은 이자율을 요구하는 것이 아주 틀린 생각은 아니에요. 어차피 회사는 사람들이 활용하는 일종의 도구예요. 회사의 행위는 모두 주주의 결정이에요. 회사의 주주들은 자신의 손실이 제한되어 있기 때문에 가능하면 돈을 더 많이 빌려서 도박을 하려고 들어요. 그러니 지나친 빚을 얻지 못하게 하려면 높은 이자율을 물릴 필요가 있는 거지요.

하지만 개인이라면 조금 이야기가 달라요. 개인은 경제적 능력이 부족하다고 그냥 망하게 내버려 두어도 되는 대상이 아니니까요. 예전에는 빚을 갚지 못하면 노예가 되거나 팔려 가기도 했어요. 요즘은 그 정도는 아니지만 빚을 갚지 못하면 여전히 큰 어려움을 겪어요. 경제적 형편이 좋지 않은 만큼 은행이 이자율을 높이면 갚는 건 더 어려워져요. 결과적으로 파산을 조장하는 거지요. 미국에는 학자금 대출을 갚지 못하고 있는 사람이 2013년 기준 700만 명이 넘을 정도예요.

어쩌면 개인의 대출은 회사나 국가의 대출과는 다르게 취급해야 할지도 모르겠어요. 필요에 따라 이자를 아예 안 받거나 혹은 이자율을 크게 낮추는 게 옳을지도 몰라요. 사회 보장의 형태로 직접 보조금이나 혜택을 주는 것처럼 말이에요. 그 대신 돈이 그냥 소모되지 않도록 목적과 대상을 잘 선별해야 해요. 그냥 돈을 빌려주는 것이 아니라 제한된 용도로만 쓸 수 있게 빌려주는 거지요. 테크놀로지를 잘 활용하면 얼마든지 가능한 일이에요.

지금까지 이야기한 것처럼 빚은 위험해요. 하지만 그렇지 않다고 주장하는 사람들도 있어요. 빚 없이는 세상이 돌아가지 않으며 빚을 얻고 안 얻고는 개인이 정할 문제라는 거지요. 그런 사람들은 거의 예외 없이 금융 회사에 다니거나 경제학을 직업으로 삼고 있어요. 사람들이 돈을 빌려야 월급을 받을 수 있는 사람들이지요. 그러니 그 말을 곧이곧대로 믿어서는 안 돼요. 그래도 무슨 근거로 그런 이야기를 하는지를 한번 같이 생각해 봐요.

그 근거는 우선 사회가 필요로 하는 일 중에 돈이 많이 드는 게 있어서예요. 사회 기반 시설이라고 불리는 공항이나 철도, 도로, 상하수도, 댐, 발전소 등이 대표적인 예지요. 특정 민간 기업에 맡겨 놓기에는 규모가 크고 공공성이 중요하기 때문에 보통은 국가가 직접 나서서 건설해요. 국가에 돈이 쌓여 있다면 그 돈으로 지으면 될 테지만 그런 경우는 드물어요. 그렇다고 충분한 돈이 마련될 때까지 세금을 거두어 모으려면 시간이 많이 필요해요. 그러니 국가가 빚을 져서 마련한 돈으로 사회 기반 시설을 건설하고 유지하는 건 피치 못할 면이 있어요.

또 산업 중에는 자본 집약적인 산업이 있어요. 자본 집약적이라는 말은 비즈니스를 하기 위한 설비를 갖추는 데 돈이 많이 든다는 뜻이에요. 대표적인 예가 석유 공업, 제철 공업, 화학 공업 등이에요. 넓은 부지에 공장을 짓고 값비싸고 무거운 기계 장비를 갖춰야만 할 수 있는 비즈니스지요. 그래서 이 산업들은 민간 회사가 백지상태에서 시작하기가 쉽지 않아요. 국가 입장에서 이런 회사가 양질의 일자리도 많이 만들고 또 국가 경제 전체에 미치는 긍정적 영향도 크다고 판단하면 직접 회사를 설립하거나 민간 회사를 다방면으로 지원할 수 있어요. 그 과정에서 회사가 빌린 돈을 갚지 못할 경우 국가가 대신 갚아 준다는 보증을 서기도 해요.

물론 모든 산업이 다 자본 집약적이지는 않아요. 우선 노동 집약적인 산업이 있어요. 돈보다는 노동력, 즉 많은 사람이 필요한 비즈니스가 여기에 속해요. 공장에서 옷을 만드는 섬유업이나 백화점에서 손님을 상대하는 것 같은 단순 서비스업이 대표적이에요.

알고 보면 아파트를 짓는 건설업이나 배를 만드는 조선업도 노동 집약적인 성격이 강해요. 비싼 설비가 필요하지 않고 숙련공의 손에서 많은 것이 이루어지니까요. 한때 세계 1위라고 자만하던 우리나라 조선업도 용접 기술자의 힘으로 이루어진 것일 뿐, 부가가치가 높은 핵심 부품 테크놀로지는 가지고 있지 않아요. 노동 집약적 산업은 큰돈이 필요하지 않기에 빚이 별로 없어야 해요. 물론 그럼에도 불구하고 무모하게 많은 빚을 얻는 회사가 있다는 게 문젯거리지요.

테크놀로지 집약적 혹은 지식 집약적 산업도 마찬가지예요. 변화의 속도가 빠른 탓에 고도의 노하우와 축적된 경험이 필요하기는 하지만 자본 집약적이지는 않아요. 첨단 바이오나 IT, 로봇, 인공 지능 등이 그 예지요. 몇 명의 똑똑한 사람이 있느냐 없느냐가 관건일 뿐, 대규모의 자본금이나 다수의 인력이 필요하지는 않은 것이 이들 분야의 특징이에요.

정리하자면 빚을 내서라도 많은 돈을 확보해야 할 수 있는 산업은 소수에 불과해요. 그리고 많은 경우, 그러한 일들은 국가가 직접 수행해야 할 역할이고요. 그러니까 제한된 범위 내에서만 빚의 역할이 있는 셈이에요.

그러나 개인이 지는 빚은 완전히 다른 이야기예요. 갚을 능력이 안 되는 사람에게, 그것도 높은 이자율로 돈을 빌려주는 것은 옳지 못한 행위예요. 경제적 도움이 필요한 경우라면 돈을 빌리게 할 것이 아니라 직접 도움을 주는 게 낫다고 생각해요.

'갚을 능력이 있는 사람이 돈을 빌리는 건 괜찮지 않나?' 하는 생각을 할지도 모르겠어요. 여기에는 두 가지 말썽거리가 있어요. 첫 번째 말썽거리는 돈이 이미 충분히 많은 사람이 돈을 빌리는 경우예요. 원래 자기 돈으로 생활하는 데 아무 문제가 없는 사람이 돈을 빌리면 그만큼 신용 돈이 늘어나요. 신용 돈이 늘어난 만큼 물가가 뛰겠지요. 결코 바람직하지 않은 결과가 벌어지는 거예요.

두 번째 말썽거리는 빌린 돈으로 이른바 '투자'에 나서는 경우예요. 자기 돈이 아닌 빌린 돈으로 투자에 나서는 사람들은 당연히 투자에서 이익을 볼 거라고 기대해요. 내가 투자한 자산의 가격이 올라갈 거라고 믿지요. 하지만 믿는 대로 이루어지는 경우는 생각보다 많지 않아요. 두 배 오를 걸로 기대했지만 실제로는 반 토막이 나기도 해요.

예를 들어 볼게요. 원래 자기 돈 1억 원이 있는 사람이 1억 원을 빌려서 총 2억 원으로 투자에 나섰어요. 주식 같은 금융 상품을 살 수도 있고 또 집 같은 부동산을 살 수도 있어요. 살 때야 물론 가격이 올라갈 것이라고 믿었겠지요.

그러다 막상 투자한 자산의 가격이 반으로 줄면 어떻게 될까요? 2억 원이 1억 원으로 줄어 버렸어요. 빚진 원금 1억 원을 갚고 나면 내 돈은 한 푼도 남아 있지 않아요. 게다가 빚진 1억 원에 대한 이자는 채 갚지도 못했어요. 멀쩡했던 사람이 채무 불이행자가 된 거예요. 빚을 지지 않았다면 벌어지지 않았을 일이지요.

빚을 내면서까지 투자에 나선 사람들이 손해를 보게 되는 이유는 미래의 불확실성 때문이에요. 아무리 금융 회사에서 투자처가 확실하다고 장담해도 그대로 되지 않는 경우가 비일비재하거든요. 사실 얼마의 수익이 난다고 장담하는 행위는 세계 어디서든 불법이에요. 장밋빛 약속 자체가 이미 사기라는 것이지요. 그런 불확실성을 앞에 둔 채 빌린 돈으로 돈 좀 벌어 보겠다는 건 위태롭기

짝이 없는 행위예요.

　게다가 첫 번째 말썽거리와 두 번째 말썽거리가 합쳐지면 상황은 더 심각해져요. 돈을 빌릴 필요도 없는 사람들이 쓸데없이 많은 돈을 빌려요. 갚을 능력이 있다는 이유로 대출 이자율도 굉장히 낮아요. 이자율이 낮으니 더 많이 빌릴 수 있어요. 이 사람들이 그렇게 빌린 돈으로 자산 시장을 헤집고 다니면 자산 가격이 폭등해요. 건전하게 살고 있는 보통 사람들은 비정상적으로 올라 버린 자산 가격을 보면서 상대적 박탈감에 빠져요. 살 집 한 칸을 마련하는 게 불가능한 목표가 돼요. 결국 너도나도 열심히 일할 생각은 하지 않고 투자라는 이름의 돈 놀음에 빠져요. 역사는 그 결말이 어떠한지를 이미 증명했어요. 16세기 스페인이 걸어간 길을 뒤따라 걷게 되는 것이지요.

3

금융 시장에서 벌어지는 투자와 투기

투자와 투기는
어떻게 다른가요?

투자. 여러분이 돈과 금융에 대한 이야기를 들을 때면 빠지지 않고 나오는 단어예요. 언론과 금융 회사가 하도 떠들어 대는 탓에 없던 관심마저 슬며시 생겨요. 남들은 투자를 통해 큰돈을 버는 것처럼 보여요. 우리가 살고 있는 자본주의 사회는 투자를 권해요.

한편 투기라는 말도 있어요. 하는 일은 투자와 비슷한데 뭔가 나쁜 단어처럼 들려요. 그래서인지 자기가 하는 일이 투기라고 이야기하는 사람은 없어요. 다들 투자한다고 표현하지요. 반면 남들이 하는 일은 투기라고 비난하는 경우가 적지 않아요. 내가 하는 건 괜찮고 남이 하는 건 욕먹을 일이라고 여기는 듯해요. 이런 식의 구별은 어느 누구에게도 도움이 되지 않지요.

투자와 투기가 어떤 식으로 이해되는지 극명하게 보여 주는 예는 행위자를 지칭하는 단어예요. 투자하는 사람은 '투자자'인 반면, 투기하는 사람은 '투기꾼'이지요. 투자자라고 하면 뭔가 근사한 일을 하는 사람처럼 들려요. 투기꾼이라고 하면 발음이 비슷한 사기꾼이 떠올라요. 이것만 봐도 투기가 결코 긍정적인 이미지가 아님을 알 수 있어요.

투자와 투기는 모두 영어를 번역한 말이에요. 투자는 인베스트먼트investment에서 왔고 투기는 스페큘레이트speculate에서 왔어요. 그런데 투자와 투기가 어떻게 구별되는지를 찾아보면 벽에 부딪혀요. 어느 책도 이 둘을 명확하게 구별하지 않기 때문이에요. 심지어 대학 교재를 찾아봐도 모호한 설명뿐이에요.

투기의 사전적 의미는 '기회를 틈타 큰 이익을 보려는 것 또는 그러한 일'이에요. 사람들이 투기에 대해 가지고 있는 일반적인 생각과 다르지 않아요. 예를 한번 들어 볼게요.

새로 지은 아파트에 들어가 살 생각도 없으면서 분양권을 사는 사람들이 있어요. 사자마자 다시 비싼 값에 되팔아서 돈을 좀 벌려고 하는 거예요. (물론 그랬다가 제값에 못 팔아서 큰 손해를 볼 수도 있지요.) 이런 사람들이 많아지면 실제로 집을 필요로 하는 사람들이 피해를 입어요. 괜히 더 비싼 값에 집을 사게 되니까요.

암표상들이 하는 일도 이와 비슷해요. 표의 수량은 정해져 있어요. 경제학의 용어를 빌려 이야기하자면, 공급이 한정적인 상황이지요. 반면 중요한 경기를 직접 보고 싶어 하는 사람의 수는 표의 수보다 많을 수 있어요. 예를 들어 프로 야구 코리안 시리즈라면 야구장의 좌석 수보다 더 많은 사람들이 몰려와요. 경제학에서 이야기하는 '수요가 공급을 초과하는 상황'인 것이지요.

암표상은 비싸게 되팔 수 있을 거라는 기대하에 우선 표를 사들여요. 그리고는 터무니없이 비싼 가격에 되팔지요. 표를 구하지 못해 발을 동동 구르던 사람들은 울며 겨자 먹기로 살 수밖에 없어요. 암표상들이 더 많은 표를 사들일수록 정상적인 방법으로는 표를 구하지 못하는 사람이 늘어나고 표의 가격도 뛰어올라요. 이런 일이 옳지 않기에 경찰이 늘 암표상을 단속하는 것이겠지요.

흥미로운 사실은, 금융 회사나 경영학 교수들이 이야기하는 투자가 이와 별로 다르지 않다는 거예요. 투자의 정의를 살펴보면 '미래의 이익을 기대하고 돈을 들이는 일'이라고 나와요. 분양권을 사서 파는 것이나 표를 미리 샀다가 비싸게 되파는 것, 모두 미래의 이익을 기대하고 돈을 들이는 일이잖아요? 결국 투기와 투자는 똑같은 행위라는 말이에요.

투기와 투자가 똑같다는 결론은 지극히 논리적이에요. 하지만 금융 회사는 이 사실을 부인하고 싶어 하지요. 금융 회사는 크게 보면 두 가지 일을 해요. 직접 투기를 해서 돈을 벌거나 혹은 사람들이 투기를 하는 걸 도와주고 돈을 벌어요. 어느 쪽이든 자신들은 '투기'가 아닌 '투자'에 관련됐다고 말하고 싶은 거지요. 하지만 이들의 본질은 투기예요.

몇 년 전에 저는 투자와 투기를 구별하는 기준을 하나 내놓은 적이 있어요. 다른 책들의 정의가 도대체 마음에 들지 않아서 저라도 기준을 하나 세워 보자는 심정이었지요. 첫째, 빌린 돈 없이 100퍼센트 자기 돈만으로 무언가를 산다. 둘째, 그 돈을 다 잃을 수는 있지만 그 이상 잃을 수는 없다. 이렇게 두 가지 조건이 모두 만족될 경우는 투자, 그 외의 나머지 모든 거래 행위는 투기로 정의했어요.

그런데 이 문제에 대해 계속 생각하다 보니 이 기준도 완벽하지 않다는 생각이 들어요. 돈을 빌렸냐 아니냐, 혹은 기간이 짧으냐 기냐 같은 것은 부차적인 문제일 뿐 본질적인 조건은 아니니까요.

사실 투자에는 위와는 다른 본래의 의미가 있어요. 예를 들어, 여러분이 미래를 위해 지금 뭔가를 열심히 한다고 해 봐요. 그게 공부일 수도 있고 다른 일일 수도 있겠지요. 그런 일이 진짜 투자예요.

또 다른 예로 회사가 새로운 제품과 테크놀로지를 개발하기 위해 애쓰는 걸 생각해 봐요. 당장 이익은 나지 않지만 엔지니어들이 개발에 매진하고, 필요한 장비나 설비를 마련하는 모든 일은 투자예요. 단지 돈을 쓰는 것만이 투자가 아니라는 걸 알 수 있어요. 투자의 핵심은 돈이 아니라 노력이에요. 투기와 투자의 구별은 단지 돈만 들이느냐, 아니면 돈 외의 실제적인 노력도 들이느냐에 달려 있다고 할 수 있어요.

투기

투자

투자와 투기는 미래에 이익을 보려고 하는 행위라는 점에서는 같아요. 그런데 사람이 하는 일은 대부분 다 그렇지 않나요? 그러니 미래에 대한 기대 여부는 구별의 기준이 될 수 없어요. 돈만 들어가면 투기, 돈 말고도 값진 노력이 수반되면 투자인 거예요.

그러면 다음의 행위들이 투자일지 투기일지 한번 생각해 봐요. 경마장에 가 보니 세 번째 말이 우승할 거라고 주변 사람들이 속삭여요. 세 번째 말에 돈을 걸면 열 배의 돈을 돌려받아요. 그래서 돈을 걸었어요. 설명할 필요도 없이 이건 투기겠지요? 돈을 따기를 기대하면서 마권을 샀을 뿐, 다른 일은 한 게 없으니까요.

다른 예를 봐요. 어느 동네의 집값이 오를 거라는 소문이 돌아요. 그래서 이사 가서 살 생각도 없으면서 빚을 내서 집을 사요. 오르면 팔아 버리려고요. 이게 투자일까요, 투기일까요? 당연히 투기예요. 이익을 보기 위해 돈을 들였을 뿐, 다른 의미 있는 노력이 없으니까요.

또 다른 예를 들어 볼게요. 어느 회사의 주식 가격이 올라갈 것이라고 금융 회사 직원이 열변을 토해요. 물론 떨어지더라도 금융 회사가 책임을 질 수는 없지요. 책임을 지겠다고 이야기하는 것도 불법이에요. 막상 떨어지고 나면 나 몰라라 했던 일이 과거에 많아서 법으로 아예 금지했거든요. 어찌 되었건 주식을 사요. 이게 투자일까요? 앞의 정의대로라면 결코 투자일 수 없어요. 돈 말고 들인 게 아무것도 없으니까요. 따라서 자동적으로 투기가 되지요.

마지막으로 한 가지만 더 살펴볼까요? 돈을 빌려주는 건 어떨까요? 앞의 정의에 따르면 돈을 빌려주는 것도 투자일 수 없어요. 이자를 제때 내나 신경 쓰는 것 외에 달리 하는 일이 없으니까요. 채권을 사는 것도 마찬가지예요. 채권을 산다는 것은 돈을 빌려주고 종이쪽지를 받는 거라고 했지요? 결국 돈을 빌려주는 행위니 이 또한 투기, 즉 고리대금의 행위일 뿐이에요.

결론적으로 금융 시장에서 벌어지는 모든 거래 행위는 사실상 다 투기예요. 주식을 사 놓고 오르기만을 기대하는 것도 당연히 투기지요.

혹시 주식을 사 놓고는 주가를 인위적으로 띄우는 일에 나서는 건 투자가 아니냐고 할 사람이 있을까요? 그건 보통의 투기보다 더 나쁜 주가 조작 행위로서 법의 처벌을 받아요.

**주식, 채권, 펀드?
뭐가 뭔지 하나도
모르겠어요.**

사람들이 금융을 어려워하는 이유는 크게 두 가지인 듯해요. 첫 번째 이유는 금융은 필연적으로 숫자를 다룬다는 점이에요. 세상에는 숫자가 어렵고 불편한 사람들이 적지 않지요. 숫자가 무섭다 보니 숫자를 쓰지 않을 수 없는 금융도 덩달아 어렵게 느끼는 것 같아요.

두 번째 이유는 낯선 용어가 너무 많다는 점이에요. 특히 금융 관련 용어들은 들어도 무슨 말인지 이해가 되지 않는 경우가 흔해요. 알고 보면 별것 아닌 것을 괜히 어려운 용어로 나타내는 좋지 못한 관습 때문이에요. 불필요하게 영어 약자를 남발하는 것도 그런 예지요. 이건 전적으로 금융 회사의 책임이에요.

금융에 대한 지식은 노력에 비례해요. 알려고 노력하는 만큼 더 많이 알게 되지요. 노력하지 않았는데 저절로 알게 되는 지식이란 없어요. 다른 분야와 하나도 다르지 않지요.

하지만 보통 사람들은 금융에 대해 어느 정도까지 알아야 하는지를 판단하기가 쉽지 않아요. 주식, 펀드, 채권 같은 금융 상품들도 마찬가지예요. 그렇다 보니 어느 주식이 좋니, 어느 펀드가 나쁘니, 이런 이야기를 마구 늘어놓는 사람 앞에 가면 괜히 주눅 들기 쉬워요. '나만 모르는 걸까?' 하는 걱정도 슬며시 들고요.

각 금융 상품에 대한 기본 원리나 특징은 알아 두면 분명히 도움이 돼요. 꼭 내가 금융 상품을 사지 않더라도 알아서 나쁠 건 없어요. 그러면 아는 척 떠드는 상대방이 실은 잘못 알고 있다는 걸 깨닫는 경우도 많지요.

모른다고 주눅 들 필요도 없어요. 모른다는 걸 알게 됐으면 이제 알려고 하면 되니까요. 알려고 마음먹으면 곧 알게 되거든요. 사실 알고 보면 금융 상품의 기본 원리는 별것 없어요. 돈을 빌려주고 빌리고 또 금융 상품을 사고파는 게 전부니까요. 이 정도도 이해 못 할 이유는 없잖아요.

좀 더 신경 써야 할 것은, 모르는데도 불구하고 행동에 나서는 경우예요. 어떤 금융 상품에 무슨 특징이 있는지 제대로 확인하지 않고서 주위 사람이나 금융 회사의 말만 듣고 덜컥 돈을 쓰는 거지요. 이런 경우 대개 끝이 좋지 못해요. 미처 생각하지 못한 손해를 보기 쉽지요.

그러니까 잘 모르겠다 싶으면 아예 손을 대지 않는 편이 나아요. 그러면 적어도 큰 손해를 볼 일은 없어요. 그래도 특정 금융 상품이 궁금하면 그때는 그게 뭔지 알아야겠지요. 충분히 알고 나서 그 금융 상품에 돈을 쓸지 말지를 결정하면 될 일이에요.

그러면 주식과 펀드, 그리고 채권의 기본적인 특징에 대해 알아 볼게요. 이것만 잘 기억하고 있어도 터무니없는 손해를 보는 일은 피할 수 있을 거예요.

제일 먼저 주식에 대해 이야기해 볼까요? 앞에서 트럼프 이야기를 하면서 주식 이야기가 잠깐 나왔지만 다시 설명하자면, 주식은 회사에 대한 지분을 나타내는 말이에요. 처음 회사가 생길 때 자본금을 얼마나 냈는지에 따라 받는 주식 수가 결정되지요. 전체 주식의 반을 넘게 가지면 회사의 중요한 결정을 마음대로 내릴 수 있어요. 예를 들어, 사장으로 누구를 뽑을지, 무슨 물건을 만들지, 혹은 공장은 어디에 지을지 같은 것들을 정하는 것이지요.

회사의 주식은 사거나 팔 수 있어요. 금융 회사, 특히 증권 회사가 하는 일 중에 가장 큰 일이 어떤 주식의 가격이 앞으로 오를 것 같으니 사라고 권유하는 일이에요. 물론 증권사가 추천한 주식이 결코 다 오르지는 않아요.

여러분이 잘 아는 회사 삼성전자의 주식의 가격은 2017년 12월 현재 260만 원이 넘어요. 하지만 2003년 초만 해도 30만 원대였고

1998년 IMF 위기 직후에는 3만 원 정도면 살 수 있었지요. 그 당시에 삼성전자의 주식을 사서 여태껏 팔지 않았다면 돈이 많이 불어났을 거예요.

반대로 샀던 가격보다 싼 가격에 주식을 팔면 손실을 보지요. 예를 들어, 플레이스테이션 같은 게임기나 전자 제품으로 유명한 일본 소니의 주식을 2000년대 초반에 사려면 150달러 정도를 내야 했어요. 'IT 버블'이라고 해서, 어떤 주식이든 IT와 관련되기만 하면 비싼 가격에 팔리던 때였거든요. 그런데 소니의 주가는 그 뒤로 하염없이 떨어져 2012년 말에는 10달러까지 내려갔어요. 2017년 12월 현재는 조금 회복돼서 44달러 정도예요.

채권은 어떤 회사가 얼마의 돈을 언제 갚겠다는 증서예요. 채권 또한 사거나 팔 수 있어요. 싼 가격에 샀다가 비싼 가격에 팔면 그 차익만큼 돈을 벌어요. 반대로 비싼 가격에 샀다가 싼 가격에 팔면 손실을 봐요. 회사가 빚이 많을수록 또 비즈니스가 잘 안 될수록 채권의 가격은 떨어져요. 그만큼 회사가 망할 가능성이 높기 때문이에요.

사람들은 대개 주식은 쉽게 이해하는 데 비해 채권은 어렵다고 느껴요. 가장 큰 이유는 주식은 거래 가격을 직관적으로 비교하는 것이 가능한 반면, 채권은 그렇지 않기 때문이에요. 채권을 사고파는 브로커들은 거래할 때 가격을 이야기하지 않고 이자율을 이야기해요. 자기들끼리 관습적으로 정한 규칙에 따라 이자율을 계산하거든요. 그러니까 이 규칙을 아는 사람에게는 어렵지 않지만 일반인은 도통 이해할 수가 없는 거지요.

간단한 예를 들어 볼게요. 1년 뒤에 100의 원금을 갚는 채권 A가 있다고 해 봐요. A의 현재 가격이 95라고 가정할게요. 다시 말해 지금 95의 돈으로 A를 사면 1년 후에 100의 돈이 생기는 거지요. 일반적인 예금 이자율을 계산해 보면 5 나누기 95가 되어 연 5.26퍼센트 정도의 이자를 받는 셈이에요. 하지만 채권 시장에서는 이걸 '1년에 5퍼센트'라고 불러요. 만기에 받을 돈 100에서 5퍼센트를 할인한 95라는 가격에 여러분이 살 수 있다는 뜻이에요.

또 채권의 종류에 따라 완전히 다른 방식으로 계산한 이자율을 쓰기도 해요. 그러니 5퍼센트라는 숫자가 같다고 해서 두 채권의 수익률이 같다고 판단할 수 없어요. 채권을 접할 때는 어떤 이자율로 계산하는지 물어보고 또 물어봐야 해요. 제대로 대답하지 못하는 금융 회사와는 거래하지 않는 게 좋겠지요.

다음으로 펀드는 쉽게 말해 주식과 채권을 적당히 모아 놓은 선물 상자나 바구니라고 생각하면 돼요. 이렇게 금융 자산을 모아 놓은 것을 포트폴리오라고 부르기도 하지요. 금융 회사의 한 종류인 자산 운용사가 만드는 펀드도 주식이나 채권처럼 사거나 팔 수 있어요. 펀드의 가격을 의미하는 지수는 오를 수도 있고 내릴 수도 있어요. 바구니에 담긴 개별적인 주식과 채권의 가격이 올라가면 펀드의 지수도 올라가고 반대로 내려가면 펀드의 지수도 따라 내려가지요.

펀드의 가장 큰 특징은 돈을 내고 펀드를 사는 순간 그 자산 운용사에서 일하는 펀드 매니저의 실력에 내 돈의 운명이 결정된다는 점이에요. 즉, 나는 펀드를 고를 수는 있지만 펀드에 담긴 자산이 앞으로 어떻게 바뀔지는 정할 수 없어요. 일종의 '묻지 마 투기'인 거예요. 물론 펀드 매니저 중에는 실력 있는 사람도 있겠지요. 하지만 실력이 떨어지는 혹은 운이 나쁜 펀드 매니저를 골랐다면 결국 내 돈은 줄어들 거예요.

여기에서 다루어지지 않은 좀 더 복잡한 금융 상품을 포함해서 어떤 금융 상품이 정말로 좋다고 권하는 사람이 있으면 다음의 질문을 꼭 떠올리세요. '그렇게 좋은 걸 왜 직접 안 하고 나더러 하라는 거지?' 그 금융 상품이 정말로 수익을 낼 것이라면 오히려 소문내지 않고 혼자 사려고 하지 않을까 하는 합리적인 의심을 가져보세요. 금융 상품을 권하는 사람에게 물어보면 좋은 질문이 있어요. "이 금융 상품을 당신 가족에게도 권할 건가요? 이 거래를 당신 가족과도 할 건가요?"

금융 시장에서 벌어지는 투기에서 손실을 완전히 피할 방법은 없어요. 금융 상품의 가격은 오를 수도 있고 내릴 수도 있어요. 가격이 내려 손실을 입을 가능성을 리스크^{risk}라고 해요. 위의 질문에 대한 대답이 설득력이 없다면 리스크를 질 이유가 없어요. 상대방도 안 하고 싶은 것을 굳이 내가 해야 할 이유는 없으니까요.

금융 시장에서도 수요-공급의 법칙이 성립하나요?

모든 금융 상품은 사거나 파는 대상이 될 수 있어요. 무언가를 사거나 파는 행위를 거래라고 하지요. 거래가 벌어지는 곳을 시장이라고 불러요. 주식이나 채권, 펀드 같은 금융 상품을 사고파는 시장은 그래서 금융 시장이에요.

시장은 경제학이라는 분야가 너무나 중요하게 여기는 대상이에요. 시장 하면 보통 전통 시장을 떠올리기 쉽지요? 하지만 모든 시장이 전통 시장 같은 모습을 하고 있지는 않아요. 단적인 예로 온라인상에서 거래가 이루어지는 전자 상거래 시장은 물리적인 장소가 아예 존재하지 않지요. 발생된 거래 자체를 가리켜 시장이라는 단어를 쓴다고 보는 것이 좀 더 정확해요. 시장은 혼자서는 만들 수 없어요. 파는 사람과 사는 사람이 동시에 존재해야만 하나의 거래가 발생하니까요.

아마 여러분 대부분은 '수요-공급의 법칙'에 대해 들어 봤을 거예요. 경제학자들이 가장 중요하게 여기는 법칙이지요. 교과서에도 나오고요. 무슨 내용인지 한번 기억을 되살려 봐요. 시장에는 팔려는 사람과 사려는 사람이 있어요. 팔려는 사람을 공급자, 사려는 사람을 수요자라고 부르기도 해요. 또 팔 물건의 총량을 공급, 살 물건의 총량을 수요라고 불러요.

여기서부터는 여러분이 실감할 수 있는 대상으로 수요-공급의 법칙을 설명할까 해요. 그 대상은 바로 축구공이에요. 그러고 보니 축구공이 별로 실감나지 않는 친구들도 있을 것 같네요. 축구를 즐기지 않는다면 입고 싶은 옷을, 아니면 무엇이든 여러분이 좋아하는 물건을 하나 상상해 보세요.

축구공의 가격은 종류에 따라 달라요. 1만 원부터 시작해 비싼 건 10만 원을 넘기도 해요. 우리는 여기서 중간 정도 가격인 5만 원에 팔리는 축구공을 생각해 보기로 해요. 축구공이 5만 원에 팔린다는 건 축구공에 대한 수요와 공급이 5만 원이라는 가격에서 일치했다는 뜻이에요.

이제 축구공의 가격이 6만 원으로 올라갔다고 생각해 봐요. 축구공을 만드는 공장에 문제가 생겨 생산된 축구공의 수가 줄어들었을 수도 있고, 혹은 축구공을 파는 사람이 좀 더 이익을 많이 남기려고 가격을 올렸을 수도 있지요.

이유가 어느 쪽이든 간에, 축구공을 사려는 사람들이 보기에 5만 원은 몰라도 6만 원은 비싸게 느껴져요. 그 돈을 내고 사고 싶지는 않은 거예요. 따라서 축구공을 사겠다는 사람의 수가 줄어요. 이른바 수요가 줄어든 거예요. 그러면 무슨 일이 벌어질까요? 사겠다는 사람이 부족하니 축구공이 잘 팔리지 않아요. 파는 쪽에서는 가격을 낮추어서라도 팔고 싶지요. 그렇게 가격이 다시 내리면 결국 축구공은 다시 5만 원에 팔리게 돼요.

반대의 상황도 마찬가지예요. 생산된 축구공의 수가 너무 많아서 가격이 4만 원까지 떨어졌다고 해 봐요. 사려는 사람들은 좋아하지만 파는 쪽은 이익이 너무 적어서 생산량을 줄여요. 공급이 줄어든 만큼 가격이 올라가요. 결국 축구공의 가격은 5만 원으로 돌아가요.

이 과정에서 알 수 있는 것이 바로 경제학이 그토록 중시하는 '수요-공급의 법칙' 혹은 '시장의 원리'예요. 축구공이 다시 5만 원이 되었듯이 균형 가격으로 돌아가려는 힘이 시장에서 작동한다는 게 수요-공급의 법칙이지요. 그리고 무엇이든지 시장이 알아서 하도록 내버려 두면 사회 전체적으로 최선의 결과를 이룬다는 게 시장의 원리예요. 수요-공급의 법칙과 시장의 원리는 표현이 다를 뿐, 결국 같은 이야기예요. 시장은 올바른 가격을 찾을 능력을 가지고 있으니 내버려 두는 게 최선이라는 이야기지요.

시장의 원리를 처음 이야기한 사람으로 경제학자들은 영국의 애덤 스미스를 꼽아요. '보이지 않는 손'이라는 말로도 유명하지요. 사람들이 각자 자기의 이익을 추구하면 보이지 않는 손이 알아서 최선의 결과를 만든다는 거예요. 경제학자들은 그렇기 때문에 시장에 개입하지 말아야 한다고 주장해요.

그런데 시장이라고 해서 다 같은 시장이 아니라는 게 문제예요. 앞에서 축구공 시장을 봤으니 이번엔 한번 주식 시장을 살펴보자고요. 어떤 주식의 가격이 원래 5만 원이었다가 6만 원으로 올랐다고 해 봐요. 무슨 일이 벌어질까요? 아까처럼 수요-공급의 법칙에 의해 가격이 다시 5만 원으로 내려갈까요?

주식 시장과 같은 금융 시장은 기본적으로 투기가 벌어지는 곳이에요. 주식을 거래하는 사람들은 모두 이익을 보고 싶어 해요. 어떤 주식의 가격이 오르면 '아, 뭔가 내가 모르는 좋은 소식이 있나 보다.' 하고는 그 주식을 사려고 들어요. 다시 말해 수요가 늘어나요. 그만큼 주식의 가격은 오히려 더 올라가요. 5만 원으로 되돌아오기보다는 7만 원, 8만 원 등 계속 올라가기가 쉬워요.

반대도 마찬가지예요. 5만 원이던 주식의 가격이 4만 원으로 떨어지면 사람들은 '뭔가 내가 모르는 안 좋은 소식이 있나 보다.' 하고는 주식을 팔기 시작해요. 즉, 공급이 많아져요. 그만큼 가격은 더 내려가요.

이렇게 주식 시장에서는 수요-공급의 법칙이 성립하지 않아

요. 안정된 균형 가격으로 되돌아오기보다는 이유 없이 급등과 급락을 반복하는 불안정한 모습을 가지고 있어요. 투기가 벌어지는 시장은 그 대상이 무엇이든 간에 이와 같이 불안정해요. 보이지 않는 손이 작동해서 최선의 결과를 가져온다는 말은 이런 시장에는 어울리지 않아요. 시장도 시장 나름이에요.

축구공 같은 물건을 다루는 실물 시장에는 분명 보이지 않는 손이 있어요. 하지만 이 시장도 완벽하지는 않아요. 예를 들어, 애덤 스미스는 독점 기업을 무척 심하게 비판했어요. 다수의 국민을 희생양 삼아 자신의 이익만을 추구한다는 이유였지요.

또 유해 물질을 배출하는 공장을 생각해 봐요. 내버려 두면 아무 거리낌 없이 유해 물질을 그냥 내보낼 거예요. 유해 물질 처리 시설을 갖추려면 돈이 들고, 돈이 드는 만큼 회사의 이익이 줄어들 테니까요. 배출된 유해 물질로 인한 피해는 모든 사람들이 고스란히 입지요. 유일한 해결 방법은 국가가 나서서 이를 규제하는 거예요. 처리 시설을 반드시 갖추도록 하는 방식으로요. 그렇게 되면 처리 시설을 설치하는 비용으로 인해 그 공장에서 생산하는 물건의 가격이 약간 올라갈 수는 있겠지요. 하지만 병이 생기고 사람들이 죽는 것보다는 그 편이 훨씬 낫잖아요?

코스피와
코스닥은
무엇인가요?

코스피KOSPI나 코스닥KOSDAQ이라는 말을 들어 본 적이 있나요? 주식 시장에 관심이 있는 사람들에게 코스피는 정말 중요한 지수예요. 반면 주식 시장에 아예 관심이 없는 사람이라면 그게 뭔지 알 수가 없지요. 삼성전자나 현대자동차는 알아도 코스피, 코스닥은 낯선 외계어처럼 들리기도 해요.

비유를 통해 설명하는 것이 제일 나을 것 같아요. 여러분이 좋아하는 아이돌 그룹을 상상해 봐요. 멤버 수가 적으면 4명에서 많으면 10명도 넘어가지요. 일본에는 투표로 수십 명이나 되는 멤버를 선발하고 순위를 결정한다는 아이돌 그룹도 있어요.

아이돌 그룹의 인기는 다 똑같지 않아요. 인기가 더 많은 그룹도 있고 몇 년째 유망주나 다크호스 위치에 머무르는 그룹도 있지요. 또 인기를 얻지 못해 아예 해체되어 사라지는 그룹도 있고요. 같은 아이돌 그룹 내에서도 멤버들 간의 인기는 천차만별이에요. 인기가 높은 센터나 리더는 독자적인 활동을 하기도 하는 반면, "네가 그 그룹의 멤버였어?" 하는 말이 절로 나오는 존재감 없는 멤버도 있기 마련이지요.

여러분 각자가 선호하는 아이돌 그룹이나 멤버는 제각각이에요. 친구들과 "누가 제일 좋고, 그다음은 누구고, 누구는 좋았는데 지금은 별로고……." 하는 이야기를 나누기도 해요. 연예 프로그램 등에서는 아이돌 그룹 멤버들 각각의 인기 순위를 매겨요. 순위가 낮았던 멤버가 오르기도 하고 또 반대의 일도 벌어져요. 아이돌 그룹의 인기 순위는 개별 멤버들의 인기도가 합쳐진 결과예요. 멤버 모두가 고른 인기를 누려 그룹의 인기가 높은 경우도 있고, 또 나머지 멤버들의 인지도는 낮지만 한 멤버의 인기가 독보적이라 그룹이 높은 순위를 기록하는 경우도 있겠지요.

각 회사의 주식이 아이돌 그룹을 이루는 각각의 멤버라고 생각하면 주식 시장을 이해하기 쉬워요. 멤버의 인기가 높아지면 순위가 올라가듯 회사의 인기가 많아지면 주식의 가격이 올라가지요. 반대로 멤버의 인기가 떨어지면 순위가 낮아지듯 회사의 인기가 줄어들면 주식의 가격이 내려가요. 이를 두고 영국의 공무원이었던 존 메이너드 케인스가 "주식 시장은 미인 선발 대회와 다를 바

없다."라는 말을 남길 정도였지요.

코스피나 코스닥 같은 주가 지수는 개별 멤버의 인기도가 아니라 아이돌 그룹 자체의 인기도라고 보면 돼요. 왜냐하면 주가 지수는 주식 시장에서 거래되는 모든 주식들의 가격을 합산해 만든 지수거든요. 멤버 각각의 인기가 다 합쳐진 결과가 아이돌 그룹의 인기 순위인 것처럼 주가 지수는 해당 주식 시장에서 거래되는 모든 회사의 주식 가격을 적당히 평균 내서 만든 숫자예요. 따라서 개별 주식의 가격이 오르거나 내림에 따라 주가 지수도 오르거나 내리겠지요.

코스피와 코스닥은 둘 다 우리나라의 주가 지수예요. 하지만 둘 사이에는 차이점이 있어요. 코스피는 여러분이 알고 있는 회사들 대부분의 주식이 거래되는 주식 시장이에요. 삼성전자나 현대자동차 같은 회사의 주식이 대표적인 예지요. 반면 코스닥은 코스피보다 나중에 생긴 주식 시장이에요. 설립된 지 얼마 안 되는 회사들이나 IT 관련 회사들이 주로 속해 있지요. 인터파크, YG엔터테인먼트 등이 코스닥에 속해 있어요.

예전에는 코스닥에 있었다가 지금은 코스피로 옮겨 간 회사들도 꽤 있어요. 대표적인 회사로 현대중공업, 네이버한게임, 아시아나항공 등이 있지요. 다시 말해 코스피와 코스닥에 동시에 속하는 회사는 없어요.

한편 모든 회사의 주식이 코스피나 코스닥에서 거래되는 건 아니에요. 아직 회사의 규모가 작거나 혹은 이익을 내고 있지 못한 경우, 코스피나 코스닥 같은 주식 시장에서 받아 주지 않거든요. 즉, 코스피나 코스닥에서 주식이 거래된다는 것은 그 회사가 어느 수준을 넘어섰다는 이야기예요.

반대로 코스피나 코스닥에 들어가기 위한 기준은 충분히 만족하지만 주주의 결정에 의해 개인 회사로 남아 있는 경우도 꽤 있어요. 코스피나 코스닥에 들어가면 좋은 점도 많지만 주주 입장에서 걸리적거리는 점도 꽤 있거든요. 가장 대표적인 것이 분기마다 한 번씩 비즈니스가 얼마나 잘되고 있는지 그리고 돈은 얼마나 벌었는지를 대중에게 공개해야 하는 거예요. 그 숫자를 엉터리로 발표했다가는 감옥에 갈 수도 있어요.

코스피 같은 주가 지수에 사람들이 관심을 가지는 이유는 이 지수가 우리나라 주식 시장 전체의 가격을 나타내기 때문이에요. 일부 사람들은 개별 회사 주식의 가격보다는 주식 시장 전체의 가격을 예측하는 편이 더 쉽다고 생각해요. 하지만 미래의 가격이 불확실하다는 점은 개별 회사의 주식이나 주가 지수나 마찬가지예요. 주가 지수는 더 안전하다고 주장하는 사람의 말을 믿어서는 안 돼요.

세계 각국에는 각 나라를 대표하는 주식 시장이 있어요. 우리나라가 코스피라면 일본은 토픽스TOPIX고 싱가포르는 에스지엑스SGX지요. 영국이나 프랑스, 독일 등의 나라도 각각 고유한 주식 시장을 가지고 있어요.

세계에서 제일 큰 주식 시장을 가진 나라는 역시 미국이에요. 미국에는 뉴욕 증권 거래소NYSE와 나스닥NASDAQ이라는 주식 시장이 있어요. 두 곳 외에도 주요 도시마다 주식 거래소가 운영돼요. 미국의 주식 거래소는 워낙 여러 곳이라 다른 나라처럼 주식 시장 전체를 주가 지수로 쓰지는 않아요. 그 대신 크고 중요한 회사들로만 구성한 별도의 지수를 많이 쓰지요. 지수를 만드는 것 자체가 좋은 돈벌이 수단이 되기 때문에 여러 주식 거래소에서 지수를 만들어요. 주식 거래소는 지수를 사용하는 회사로부터 돈을 받거든요. 또 실제로 여러 지수가 다 같이 사용돼요.

여러분이 들어 봤을 미국의 주가 지수는 아마 다우존스지수일 거예요. 뉴스나 신문 기사에서 미국의 주식 시장을 이야기할 때면 우선 다우존스지수를 언급하기 때문이지요. 다우존스지수의 역사는 무려 100년이 넘어요. 19세기 후반에 찰스 다우와 에드워드 존스가 세운 다우존스사는 미국의 경제 신문 『월스트리트 저널』을 발간했던 회사예요. 그러니까 다우존스지수는 신문사에서 만든 지수인 셈이지요.

그러면 질문에 답을 하기 전에 다우존스지수가 얼마나 높은지 우선 알아볼까요? 2017년 12월 기준 다우존스지수는 2만 4,000이 넘어요. 그에 비해 한국의 코스피 지수는 2,400에서 2,500 사이를 왔다 갔다 하고 있지요. 미국의 주가 지수가 한국의 주가 지수보다 열 배 정도 큰 셈이에요.

하지만 사실 이런 비교는 아무런 의미가 없어요. 주가 지수를 계산하는 방법을 바꾸면 한국의 주가 지수를 미국의 주가 지수보다 숫자상으로 더 크게 만들 수도 있기 때문이에요. 주가 지수는 기준 시점이 언제냐, 그리고 기준 시점의 지수가 얼마냐에 따라 얼마든지 달라질 수 있어요.

예를 들어, 코스피 지수의 기준 시점은 1980년 1월 4일이고 최초의 지수는 100이에요. 그동안 20배 넘게 커진 거지요. 하지만 최초의 지수를 꼭 100으로 하라는 법은 없어요. 그 주가 지수를 만드는 쪽에서 정하기 나름이에요. 만약 최초의 지수를 100 대신 1만으로 했다면 지금 코스피 지수는 20만이 넘는 숫자겠지요.

나라별 주가 지수를 비교하고 싶다면 절대적인 숫자를 볼 게 아니라 일정 기간 동안의 변화율을 봐야 해요. A라는 주가 지수가 1,000에서 2,000으로 변하고 B라는 주가 지수가 1만 5,000에서 2만으로 변했다면 A가 더 많이 올랐다고 볼 수 있겠지요.

그런데 주가 지수의 변화율도 어느 시점을 기준으로 삼느냐, 또 얼마나 긴 기간을 대상으로 하느냐에 따라서 천차만별의 결과가 나와요. 지난 몇 년간 주가 지수가 얼마나 올랐다고 이야기하는 말만 곧이곧대로 믿었다가는 뒤통수를 맞기 쉬우니 조심해야 해요.

외국 돈으로
바꿀 때마다
왜 환율이 달라지죠?

3부에서는 금융 시장에 대한 이야기를 하고 있어요. 지금까지는 주로 주식 시장을 다루었지요. 사실 주식 시장은 금융 시장의 작은 부분에 불과해요. 앞에서 나왔던 채권이 거래되는 채권 시장도, 펀드를 사고파는 펀드 시장도 금융 시장의 일부지요. 특히 채권 시장은 주식 시장보다 훨씬 더 커요. 주식 시장의 크기가 1이라면 채권 시장의 크기는 대략 10에 달해요.

그런데 채권 시장보다도 더 큰 금융 시장이 있어요. 그건 바로 외환 시장이에요. 외환 시장은 글자 그대로 외국의 돈을 사고파는 시장이에요. 채권 시장의 크기가 10이라면 외환 시장의 크기는 대략 100이에요. 규모로 외환 시장을 능가하는 금융 시장은 없어요.

외환 시장은 세계에서 제일 큰 금융 시장이지요.

전 세계 외환 시장에서 가장 많이 거래되는 돈은 무엇일까요? 여러분이 짐작한 대로 미국 달러예요. 그다음으로 많이 거래되는 돈은 유로, 엔, 그리고 영국의 파운드 스털링 등이지요. 우리나라 돈인 원의 거래 비율은 1퍼센트 남짓이에요. 아주 큰 편은 아니지만 우리나라 경제 규모의 순위를 생각하면 너무 많지도 또 너무 적지도 않은 정도예요.

외국 돈의 가격을 환율이라고 불러요. 가령, 미국 돈 1달러를 사려면 한국 돈으로 약 1,100원이 든다고 해 봐요. 이것을 가리켜 '미국 달러 : 원 환율＝1,100'이라고 나타내지요. 또 중국 돈 1위안을 사려면 약 170원의 한국 돈이 든다고 해 봐요. 이걸 환율로 나타내면 '위안 : 원＝170'이 돼요.

여러분이 환율에 관심을 둘 때는 은행에 가서 환전을 할 때일 것 같아요. 한 달 뒤에 미국 여행을 갈 예정이라고 해 볼게요. 여비로 1,000달러를 현금으로 가져가려고 해요. 은행에 가 보면 은행 직원이 "오늘의 미국 달러 : 원 환율은 얼마입니다." 하고 이야기를 해 주지요. 여러분이 환율을 바꿀 수 있는 여지는 없어요. 그냥 은행이 이야기하는 대로 살 수밖에 없지요.

그래서 언뜻 보면 은행이 환율을 정하는 것 같아요. 그렇지만 은행 마음대로 환율을 정하는 건 아니에요. 환율은 외환 시장이 정해요. 주식 시장에서 주식이 거래되는 대로 주가가 정해지듯 외환 시장에서 외국 돈이 거래되는 대로 환율이 정해지는 거예요. 주가는 매일 변하지요. 하루 중에도 시시각각 계속 변하고요. 환율도 마찬가지예요.

전 세계 외환 시장에서는 수십여 개의 은행이 모여 외국 돈을 쉴 새 없이 사고팔아요. 그러다 보니 환율이 계속 바뀌어요. 어제 환율과 오늘 환율은 당연히 다르고 내일 환율은 또 다르지요. 여행을 갈 때까지 한 달이 남아 있다면 그 한 달이라는 기간 중 1,000달러를 언제 샀느냐에 따라 여러분이 쓴 원화의 금액이 꽤 달라질 수 있어요.

많은 사람들이 환율이 외환 시장에서 정해지는 것을 당연하게 여기지만 꼭 그래야만 하는 것은 아니에요. 과거에는 국가가 직접 나서서 외국 돈과 자국 돈의 교환 비율을 정해 놓고 그 비율대로만 외국 돈을 사고 팔 수 있게 했어요. 그 교환 비율이 곧 고정된 환율인 거지요. 한두 나라가 아니라 미국을 포함한 전 세계가 그러한 체제를 수십 년 넘게 운영했어요. 그러나 시장이 모든 것을 결정하게 해야 한다는 시장주의자들의 목소리가 힘을 얻으면서 매일같이 환율이 달라지는 현재의 시스템이 만들어졌어요.

그렇지만 모든 나라가 환율을 시장에만 맡겨 놓지는 않아요. 요즘도 중국을 비롯한 여러 나라는 외환 시장에 직간접적으로 개입해요. 자국 돈의 환율을 국가가 알아서 정하거나 혹은 외국 돈이 함부로 국내로 유입되지 못하도록 돈의 이동을 통제하지요.

그 이유는 환율이 한 나라의 경제에 막대한 영향을 미칠 수 있기 때문이에요. 특히 수출이나 수입이 많은 나라일수록 더 큰 영향을 받아요. 국가 입장에서 환율은 너무 높아도 문제고 너무 낮아도 문제예요. 급격하게 변하면 정말 골치 아프고 천천히 변해도 골치 아프기는 매한가지지요. 반면 모든 나라가 환율에 큰 영향을 받는 건 또 아니에요. 예를 들어, 미국 같은 나라는 수출이 많지 않고 대부분 자급자족하는 경제 체제이기 때문에 환율은 아무래도 큰 상관이 없어요.

왜 환율이 한 나라의 경제에 막대한 영향을 미치는지를 이야기하기 전에 환율의 높고 낮음에 대해 잠깐 이야기해 볼게요. 높다, 낮다는 기준을 뭘로 삼느냐에 따라 전혀 다른 이야기가 될 수 있어서 늘 헷갈리지요. 예를 들어, 미국 달러 : 원이 1,100에서 1,200이 됐다면 환율이 높아졌다고 이야기해요. 숫자 자체가 커졌으니까요. 반대로 이는 곧 원화의 가치가 미국 달러에 비해 낮아졌다는 의미기도 해요. 예전에는 1,100원으로 1달러를 샀다면 이제는 1,200원을 내야 하니까요. 즉, 환율은 올랐고 미국 달러의 가치도 올라간 반면 원화의 가치는 떨어진 거지요.

미국 달러 : 원이 올라가면 우리나라에서 만든 물건의 달러 가격이 내려가요. 예를 들어, 한 개의 가격이 2,000원인 물건 A가 있어요. 미국 달러 : 원이 1,000이면 A의 달러 가격은 2달러겠지요. 그런데 환율이 2,000으로 올라갔다고 해 봐요. 그러면 이제 A의 달러

가격은 1달러예요. 갑자기 2달러 하던 물건이 1달러가 된 것이에요. 값이 싸진 만큼 더 많이 수출할 수 있겠지요. 수출을 많이 하는 우리나라 입장에서는 환율이 올라가는 편이 아무래도 더 유리해요.

반대로 미국 달러:원이 내려가면 어떻게 될까요? 예를 들어 1,000이던 미국 달러:원이 500으로 내려가면 이제 A는 4달러가 돼요. 가격이 두 배 비싸진 만큼 수출은 큰 타격을 입겠지요. 이런 이유로 우리나라는 환율이 너무 내려가는 것보다는 적당히 올라 있는 상태를 더 원해요.

그런데 이게 전부가 아니에요. 우리는 수출만 하는 게 아니라 수입도 해요. 석유 같은 원료는 수입하지 않을 수 없어요. 가령 B라는 수입품이 한 개에 1달러라고 해 봐요. 미국 달러:원이 1,000에서 2,000으로 높아지면 B의 가격은 1,000원에서 2,000원이 돼요. 가격이 두 배 올랐으니 예전만큼 수입할 수 없어요. 아니면 그만큼 더 돈을 써야 하지요. 그러니까 미국 달러:원이 높아지면 수입하는 입장에서는 상황이 나빠지는 거예요. 수출하는 입장과 정반대지요. 미국 달러:원이 높아졌다고 일방적으로 좋다고만 할 수 없는 이유예요.

과거에 발생한 금융 위기 중 상당수는 환율과 깊은 관련이 있어요. 1998년의 이른바 IMF사태도 환율이 급등하면서 밀어닥쳤지요. 2008년 많은 중소기업을 도산시킨 키코 사태도 환율이 문제였고요. 키코란 환율이 변하면 큰 피해를 볼 수 있는 파생 금융 거래예요. 환율이 급등하면 당장 문제가 되는 게 바로 미국 달러로 진 빛이에요. 예를 들어 미국 달러:원이 1,000일 때 100만 달러의 빚은 10억 원이에요. 하지만 미국 달러:원이 2,000으로 오르면 똑같은 100만 달러의 빚이 이제는 20억 원이지요. 하루아침에 빚이 두 배가 된다면 어느 누구도 버틸 재간이 없어요. 키코 사태가 큰 피해를 남긴 이유가 여기에 있어요.

외환 시장은 실로 피 터지는 전쟁터예요. 아무리 실물 경제를 튼튼히 다져도 환율이 급변하면 기업들은 버티기 어려워요. 또 외환 시장은 규제가 아예 없다고 해도 과언이 아닌 곳이에요. 주식 시장만 해도 주가를 인위적으로 조작하면 처벌을 받지요. 하지만 외국에 개방되어 있는 외환 시장은 성격상 국가의 권력이 잘 미치지 못해요. 더구나 필요하면 국가가 직접 나서서 환율에 직접 개입해요. 그래서 국가가 누구를 규제한다든가 처벌한다는 것 자체가 성립하기 어려워요.

금융 회사는
어떻게 돈을 버나요?

은행이 어떤 방법으로 돈을 버는지에 대해 이 책에서 지금까지 여러 차례 이야기했어요. 그중 한 가지 방법은 대출이지요. 고리대금업을 하는 이들은 처음에는 자기가 가지고 있는 돈을 빌려주었어요. 빌려 간 사람이 갚지 않을 게 두려워서 담보를 잡는다든가 혹은 상대적으로 돈을 떼먹지 않을 것 같은 사람에게만 빌려주려고 했지요. 전자의 상징적인 예가 3,000두카트를 빌려주는 대신 살 1파운드를 담보로 잡은 샤일록이라면 후자의 대표 격은 유럽의 여러 왕들에게 돈을 빌려준 고리대금업자들이었지요.

하지만 왕에게 큰돈을 빌려주는 것은 위험한 일이었어요. 왕은 정치적, 군사적 권력이 있었기 때문에 갚지 않기를 밥 먹듯이 했거든요. 너무 큰 돈을 빌려주었다가 돌려받지 못해 은행이 망하는 경우도 적지 않았고요. 결국 고리대금업자들은 국가의 일부이면서 동시에 정치권력과 거리를 둔 중앙은행이라는 개념을 들고 나와요. 이후 은행들은 자기가 가지고 있지도 않은 돈을 빌려줄 수 있는 권리를 획득했어요. 무에서 유를 창조한다는 점에서 '금융의 연금술'이라고 할 만한 일이었지요.

은행의 또 다른 돈벌이 방법은 바로 환전이에요. 앞에서 본 것처럼 외국 돈을 싼값에 사서 비싼 값에 팔면 큰돈이 남지요. 21세기인 지금까지도 외환 시장은 은행의 중요한 수입원이에요.

그래도 은행은 책임을 지는 면이 있어요. 자기 돈을 빌려주는 것이 아니기 때문에 빌려준 돈을 돌려받지 못하면 함께 망하게 되니까요. 따라서 갚을 능력이나 갚으려는 의지가 없는 사람 또는 회사에는 돈을 빌려주지 않으려고 해요. 정상적인 은행이 제일 싫어하는 게 바로 부실 대출이에요. 빌려준 돈을 못 받게 되는 상황을 가장 피하고 싶어 하지요.

반면 증권 회사는 성격이 달라요. 금융 회사라는 점에서는 은행과 증권 회사가 같지만 둘 사이에는 커다란 차이가 존재해요. 바로 증권 회사는 책임을 지지 않는 브로커, 즉 중개업자라는 점이에요.

중개업자라는 말이 조금 낯설게 들릴 것 같아요. 여러분이 이해할 만한 가장 쉬운 예는 부동산 중개업소예요. 사람들은 집을 살 때 부동산 중개업소에 들르지요. 그러면 부동산 중개업소는 집을 팔려는 사람을 소개해 줘요. 만약 거래가 성사되면 일정 금액의 소개료를 받아요. 여기서 중요한 것은 부동산 중개업소를 통해 집을 샀을 뿐, 중개업소가 가지고 있는 집을 산 것이 아니라는 점이에요.

집을 팔 때도 마찬가지예요. 부동산 중개업소에 이야기해 놓으면 집을 사겠다는 사람을 연결시켜 줘요. 항상 파는 쪽은 조금이라도 더 비싸게 팔고 싶고 반대로 사는 쪽은 어떻게든 싸게 사고 싶지요. 대부분의 경우 서로 원하는 가격이 달라서 거래가 일어나지 않아요. 그러다 가격이 서로 맞으면 거래가 일어나지요. 하지만 미래에 집을 살 사람이 누구일지, 언제쯤 집이 팔리게 될지는 부동산 중개업소도 알 수 없어요. 다만 부동산 중개업소는 거래를 소개 혹은 중개해 주고 돈을 받을 뿐이에요.

이렇게 받는 돈을 수수료라고 해요. 금융 시장은 온통 수수료 천지예요. 수수료와 무관할 것 같은 은행도 수수료를 받아요. 빌린 돈을 일찍 갚겠다고 하면 중도 상환 수수료라는 걸 받아요. 약속한 기간 동안 이자를 버는 줄 알았다가 못 벌게 되었으니 수수료의 명목으로 손실을 채우는 거지요. 개인이 은행에서 외국 돈을 살 때도 약간의 수수료를 내야 해요. 팔 때도 마찬가지고요.

그런데 증권 회사는 아예 수수료가 주된 수입원이에요. 증권 회사가 하는 가장 큰 일은 개인들이 주식을 사고파는 것을 중개해 주는 거예요. 그러고는 그에 대한 수수료를 챙기지요. 각 개인이 지불하는 수수료는 소액인 것처럼 보이지만 워낙 많은 거래가 일어나기 때문에 전체를 합치면 큰돈이 돼요.

증권 회사는 주식 거래를 중개하지만 거래의 결과에 대해서는 책임을 지지 않아요. 단지 자신은 중개만 했을 뿐 궁극적인 책임은 투자자에게 있다고 이야기하지요. 주식의 가격이 오르고 내리는 건 전적으로 투자자의 운에 달려 있다는 거예요.

이건 일반적인 회사가 지는 책임과 비교해 보면 꽤 어이없는 일이에요. 이를테면 자동차를 만드는 회사가 있다고 해 봐요. 당연히 자기네 자동차가 좋다고 광고도 하고 홍보도 하겠지요. 하지만 소비자가 구매한 자동차에 문제가 있으면 최소한 고쳐 주거나 아니면 새 차로 교환해 주는 게 당연하잖아요. 서비스업도 마찬가지예요. 레스토랑에 가서 음식을 시켰는데 맛이 이상하다든지 이물질이 나왔다든지 하면 환불은 기본이에요. 이렇게 일반적인 회사는 자기가 제공하는 물건이나 서비스에 책임을 져요. 하지만 증권 회사는 그런 책임을 부인해요.

아무리 중개를 많이 해도 책임을 질 일이 없는 데다 거래가 늘어날수록 수수료 수입이 늘어난다면 무슨 일이 벌어질까요? 증권 회사는 온 힘을 다해 거래량을 늘리려고 하겠지요? 그게 증권 회사가 끊임없이 주식 거래 활성화를 외치는 이유예요. 그런데 주식 거래 활성화라는 말은 너무 노골적으로 속마음이 드러나니까 '주식 시장 활성화' '주식 시장 확대' 이런 말들을 대신 쓰지요. 증권 회사의 목표가 주식을 거래하는 고객의 이익이 아닌 것은 분명하

겠지요? 고객이 산 주식 가격이 떨어져도 수수료 수입이 생기는데 왜 고객의 이익에 신경을 쓰겠어요?

증권 회사는 자신이 중개업자라 주식 거래의 결과에 책임을 질 수 없다고 이야기하지만 한편으로는 어떤 주식이 유망해 보이니 사라고 권유하는 일도 해요. 증권 회사 직원 중에는 애널리스트라고 불리는 사람들이 있어요. 주가를 예측하고 전망하는 일을 하는데 주가가 떨어진다는 예측보다는 올라간다는 예측을 담은 보고서를 늘 내놓지요. 과거 일정 기간의 보고서를 조사해 봤더니 2만 건의 보고서 중 주가가 떨어질 것 같으므로 팔라고 조언한 보고서가 단 한 건에 불과했다는 결과도 있었어요. 겉으로는 투자자를 돕는다고 말하면서 실제로는 주식 거래가 많이 일어나도록 응원하는 치어리더의 역할을 하는 셈이에요. 애널리스트가 무슨 주식을 추천했건 간에 그 결과에 대해 증권 회사가 책임을 지는 일은 물론 없어요.

증권 회사가 주식 거래를 중개해 주면서 받는 수수료는 꾸준히 내렸어요. 증권 회사 간의 경쟁이 워낙 치열하다 보니 서로 제 살 깎아 먹기 식의 수수료 인하 경쟁을 벌인 탓이지요. 그런데 개별 거래에 대한 수수료 금액은 줄었지만 수수료가 줄면서 좀 더 많은 거래가 발생했어요. 그래서 남보다 먼저 수수료를 인하한 증권 회사의 수입은 오히려 더 늘어났어요.

한편으로 주식 중개 수수료의 인하는 다른 문제를 가져오기 시작했어요. 처음에는 주식 거래자들이 수수료를 덜 내서 이익을 보는 것 같았지요. 하지만 어느 선을 넘어서자 주식 시장 자체가 불안정해지는 부작용이 불거졌어요. 거래 비용이 너무 적고 손쉽게 거래를 할 수 있다 보니 컴퓨터를 이용한 트레이딩 기법이 범람하게 된 것이에요.

주가 변동에 대한 반응 속도에서 사람이 컴퓨터를 당해 낼 재간은 없잖아요? 컴퓨터가 1초에 수백 번 이상 거래를 한다는 '고빈도 거래'의 비중이 전체 거래의 반을 넘자 주가가 순식간에 폭등과 폭락을 거듭하는 일도 종종 벌어졌어요. 그럼에도 불구하고 증권 회사와 거래소는 별로 걱정할 일이 없었지요. 1초에 수백 번 이상 거래를 하는 컴퓨터 덕에 오히려 수수료 수입이 증가했으니까요.

컴퓨터를 이용한 거래를 규제해야 한다는 사람들이 있어요. 반대로 시장에 맡겨 놓아야 할 문제일 뿐, 규제는 불필요하다고 주장하는 사람들도 있지요. 저는 적절한 규제와 개입이 오히려 시장이 안정적이고 공정하게 기능하는 데 도움을 준다고 생각하는 쪽이에요.

비유를 들어 설명해 볼게요. 문이 하나만 달린 커다란 방 두 개가 있어요. 그리고 똑같은 수의 사람들이 양쪽 방 안에 각각 있지요. 방의 크기에 비해 사람의 수는 적지 않은 편이에요. 첫 번째 방은 뻥 뚫려 있고 두 번째 방은 안에 군데군데 장애물이 놓여 있어요. 갑자기 불이 나서 탈출해야 할 때 어느 방이 더 탈출하기 쉬울까요?

정답은 두 번째 방이에요. 아무런 장애물이 없는 첫 번째 방이 더 쉬울 것 같지만 서로 먼저 문 밖으로 나가려다가 결국 아무도 나가지 못해요. 역설적이게도 적절한 장애물이 있는 두 번째 방에서 더 빨리, 더 쉽게, 그리고 더 안전하게 탈출할 수 있어요. 실험해 보면 금방 확인할 수 있는 사실이에요.

금융이 발달해야 경제가 좋아지는 건가요?

'금융이 발달해야 경제가 좋아진다.' 얼핏 보면 맞는 이야기처럼 들려요. 앞에서 금융은 돈을 다루는 모든 일이라고 했어요. 돈이 너무 부족하면 경제는 어려움을 겪어요. 경제 활동 자체를 돈이 따라가지 못해서예요. 물건을 만들어 사고팔고 해야 되는데 사람들끼리 주고받을 수 있는 돈이 모자라면 그 활동 자체가 위축돼요. 사회가 가지고 있는 경제적 잠재력이 충분히 발휘되지 못하는 것이지요.

예를 들어 볼게요. 여러분에게 용돈 10만 원이 생겼다고 해 봐요. 마침 배도 고파요. 돈이 있으니 분식점에서 무언가 사 먹을 수 있겠지요. 또 평소에 가지고 싶던 물건이 있을 경우 그 물건이 10만 원보다 싸다면 살 수 있을 거예요. 그렇게 여러분이 쓴 돈은 분식점과 상점의 매출이 돼요. 분식점과 상점 주인은 여러분의 지출 덕분에 번 돈을 또 다른 곳에 쓸 수 있어요. 이처럼 실물 경제 활동에 사용된 돈은 일종의 연쇄 반응처럼 사회 구석구석을 돌아다녀요. 그로 인해 가게 주인도 돈을 벌고 직원도 월급을 받을 수 있지요. 여러분도 고픈 배를 채우거나 가지고 싶던 물건을 가져서 행복하고요.

하지만 여러분에게 용돈 10만 원이 생기지 않았다고 해 봐요. 배가 고파도 돈이 없으니 분식점에 갈 수 없지요. 잠재적 수요는 있지만 충족시킬 수단이 없는 거예요. 분식점 주인도 마찬가지예요. 팔 음식도, 팔고 싶은 의사도 있지만 팔 수가 없어요. 그만큼 분식점은 돈을 벌 기회를 잃은 셈이에요. 모든 다른 가게들도 마찬가지고요.

한 사회가 경제적으로 채 발달하지 못했을 때는 금융 분야를 키우는 것이 경제에 도움이 돼요. 충족되지 못한 수요와 공급이 만나는 데 도움을 주니까요. 실제로 안정적인 금융 제도를 도입하는 건 개발 도상국이 밟아야 하는 첫 번째 과정이에요.

그러나 모든 일에는 균형이 중요해요. 지나치면 모자람만 못하다는 말이 있듯이 금융 분야를 지나치게 강조하면 주객이 전도되는 일이 벌어지지요. 경제 발전의 어느 단계를 넘어서면 금융 시장과 금융 산업을 키우려는 시도는 오히려 경제에 해가 되기도 해요.

단적인 예는 사회 전체적으로 빚이 너무 많은 경우예요. 은행에서 빌린 돈은 당장 현금으로 쓸 수 있지요. 하지만 아무리 수중에 돈이 많아져도 하루에 세 끼 먹던 것을 다섯 끼, 여섯 끼 먹을 수는 없어요. 어느 선을 넘어가면 실물 경제에서 소화되지 못하는 돈이 생기기 시작해요. 이런 돈은 이제 쓸데없이 물건과 자산의 가격을 올려놓아요. 아무런 소용없는 일이지요.

한 사회가 경제적으로 얼마나 성숙했는지 아는 일은 그래서 중요해요. 실물 경제에 도움이 되도록 금융 산업을 키울 것이냐 아니면 실물 경제를 망가뜨리지 못하도록 금융 산업을 잘 감시할 것이냐를 결정해야 하기 때문이에요. 지난 수십 년간 발생한 세계 금융 위기는 예외 없이 후자를 제대로 하지 못한 것이 원인이었지요.

그런데 금융이 발달한다는 게 구체적으로 무슨 의미일까요? 여러분이 생각하기에 발달된 금융의 구체적인 모습은 무엇인가요?

일부 사람들은 금융의 발달을 수익률의 관점에서 바라봐요. 더 많은 투자처를 확보하고 더 높은 수익을 얻을 수 있으면 금융이 발달한 거라고 생각하지요. 금융 회사는 사람들이 이런 시각을 갖도록 열심히 홍보해요.

그러면 이에 대한 생각 실험을 해 볼까요? 두 개의 세상이 있어요. 첫 번째 세상에서 모든 금융 상품은 연 평균 5퍼센트의 수익률을 얻어요. 반면 두 번째 세상에서 모든 금융 상품은 연 평균 50퍼센트의 수익률을 얻어요. 어느 쪽이 더 나을까요? 혹시 수익률이 더 높은 두 번째 세상이 더 낫다고 생각하나요?

그러나 곰곰이 생각해 보면 두 번째 세상이 첫 번째보다 별로 나을 게 없다는 결론에 도달하게 돼요. 모든 금융 상품이 매년 50퍼센트씩 수익을 얻는다면 그것은 그냥 돈이 흔해졌다는 이야기지요. 돈이 너무 많다 보니 자산 가격이 다 같이 뛰는 거예요. 오히려 사회만 혼란스러워질 뿐이에요. 이런 상태를 두고 금융이 발달했다고 볼 수는 없어요.

또 다른 사람들은 금융 산업의 발달을 금융의 발달로 이해하려고 해요. 다시 말해 금융 회사가 많은 이익을 남기는 경우지요. 누가 이런 이야기를 주로 할까요? 당연히 금융 회사 직원들이에요. 그래야 월급과 보너스를 더 많이 받을 수 있을 테니까요.

그런데 우리는 앞에서 금융 회사가 돈을 어떻게 버는지 알아봤어요. 금융 회사의 수입원은 수수료 아니면 예금과 대출의 이자율 차이예요. 금융 회사의 수수료 수입이 늘었다는 이야기는 그만큼 개인들이 수수료를 많이 냈다는 이야기예요. 은행의 이익이 증가했다는 이야기는 사람들이 대출 이자를 갚느라 더 고생했거나 혹은 예금 이자가 줄었다는 이야기고요. 이 또한 개인의 관점에서 좋은 일이라고 볼 수는 없겠네요. 금융 회사가 버는 돈이 많아졌다는 건 국민 전체로 보면 오히려 상황이 나빠진 거라고 볼 수도 있는 셈이에요.

정리하자면, 어느 단계 이후에는 실물 경제가 주역이고 금융은 실물 경제를 따르는 역할을 맡아야 해요. 금융 시장을 대표하는 주식 시장을 생각해 볼게요. 실물 경제가 발달하면 주식 시장도 따라서 좋아져요. 기업의 성과가 좋아질수록 주가도 따라가 탄탄히 올라가겠지요. 반대로 실물 경제의 경쟁력은 내버려 둔 채 인위적으로 주식 시장만 성장시키려 든다면 어떻게 될까요? 증권 회사가 원하는 대로 거래량만 늘도록 한다든가 혹은 주가를 띄우기 위한 부양책을 쓰는 식으로요. 하지만 억지로 높인 주가는 유지되지도 않을뿐더러 이를 통해서 실물 경제가 좋아질 리도 없어요.

금융과 축구 사이에는
어떠한 공통점이 있나요?

축구와 금융이 서로 닮았다는 이야기를 들어 본 적 있나요? 운동인 축구와 돈을 다루는 금융이 서로 닮았다는 건 언뜻 듣기에는 말도 안 되는 이야기 같아요. 하지만 알고 보면 축구와 금융 사이에는 의외로 공통점이 많아요. 어떤 공통점이 있는지 한번 생각해 볼까요?

첫 번째 공통점은 잘하면 큰돈을 번다는 점이에요. 세계에서 가장 많은 돈을 버는 축구 선수는 누구일까요? 여러분이 잘 아는 리오넬 메시와 크리스티아누 호날두예요. 둘 다 2016년 기준 연봉이 약 300억 원이에요. 사실 300억 원은 프로 축구팀에서 받는 돈만 계산한 것이고 그 외의 광고 수입 등은 아예 계산하지도 않았어요.

그 뒤를 이어 290억 원에 육박하는 가레스 베일을 비롯해 헐크, 폴 포그바, 네이마르, 그라지아노 펠레, 웨인 루니 등이 줄줄이 나오지요. 9위에 해당하는 즐라탄 이브라히모비치도 200억 원이 넘어요.

금융은 어떨까요? 2014년 기준 세계에서 가장 많은 돈을 번 헤지펀드 매니저인 스티브 코헨은 1조 3,000억 원을 벌었어요. 공동 2위인 레이 달리오와 조지 소로스는 1조 2,000억 원, 공동 4위인 윌리엄 애크먼, 켄 그리핀, 제임스 사이먼스 이 세 명은 각각 1조 1,000억 원을 벌었지요. 1년 동안 번 돈이 저 정도니 입이 다물어지지 않아요. 금융 시장에서 성공하면 이렇게 큰돈을 벌기도 해요.

하지만 반대되는 공통점도 있답니다. 대다수의 사람들은 보잘것없는 돈을 번다는 점이에요. 축구를 한다고 해서 누구나 메시나 호날두처럼 될 수는 없겠지요? 얼마 되지 않는 연봉을 받으며 생계를 꾸리는 축구 선수는 흔하디흔해요. 눈에 잘 안 띌 뿐인 거지요.

금융 시장에서도 마찬가지예요. 코헨이나 소로스가 1조 원이 넘는 돈을 매년 번다면 그 돈이 어디서 나왔겠어요? 금융 시장에서 그들에게 돈을 잃은 수많은 사람들이 있다는 거예요. 어찌 보면 축구보다도 더 나쁘지요. 그래도 축구 선수는 적은 연봉이라도 받지만 금융 시장에서는 오히려 돈을 잃으니까요.

축구와 금융의 두 번째 공통점은 경기장과 규칙이 필요하다는 점이에요. 물론 동네 골목에서 아무렇게나 축구를 할 수도 있겠지요. 하지만 제대로 된 축구 경기는 축구 경기장 안에서 축구 규칙에 따라 이루어져야 해요. 무슨 말이냐면 진짜 축구 경기에서는 경기장 바깥으로 공을 몰고 가서 골을 넣는다든가 하면 무효라는 이야기예요. 정해진 선 바깥으로 나가면 안 된다는 거지요. 또 공에 손을 댄다든지 상대를 밀어서 넘어뜨린다든지 하는 것도 안 돼요. 어디까지는 되고 어디부터는 안 된다는 규칙이 없으면 제대로 된 축구 경기라고 볼 수 없잖아요?

금융도 그래요. 정해진 금융 시장 안에서 거래가 일어나야 하고 또 지켜야 하는 규칙이 있지요. 그런 규칙을 어기면 법에 의해 처벌을 받게 되고요. 예를 들어, 앞에서 언급했던 스티브 코헨의 회사는 부정한 거래를 한 것이 발각되어 1조 8,000억 원을 벌금으로 냈어요. 다른 사람들의 돈을 운용하는 것도 금지됐지요. 시장의 자율에 맡기는 것은 한계가 있다는 이야기예요.

물론 금융 회사들이 무엇을 거래할지 혹은 얼마나 거래할지는 스스로 정하는 게 당연해요. 그거야말로 자율적으로 정할 문제지요. 하지만 모든 게 허용될 수는 없어요. 시장이 왜곡되거나 시장 전체의 위험성이 커지는 걸 그냥 내버려 둘 수는 없으니까요. 그런 걸 막기 위해 규칙이 필요하고요. 비유하자면 이래요. 축구 선수들보고 경기하면서 축구 규칙을 마음대로 정하라고 하면 어떻게 될까요? 자기 팀에 유리한 규칙을 자꾸 만들어 내다가 결국에는 패싸움만 나고 말걸요. 직접 경기를 하는 선수들은 규칙을 따라야지, 규칙을 만들면 안 돼요. 금융 시장도 마찬가지예요.

마지막 세 번째 공통점은 심판이 필요하다는 점이에요. 아무리 축구 경기에서 규칙이 정해져 있어도 그것이 잘 지켜지는지 감시하는 심판이 없으면 경기가 제대로 치러지지 않아요. 힘센 선수가 반칙을 해도 규칙을 강제할 방법이 없으니까요. 축구 경기를 직접 해 본 사람이라면 무슨 말인지 쉽게 이해할 수 있을 거예요. 반칙을 해 놓고도 정상적인 플레이였다고 우기면 흐지부지 그냥 게임이 진행되고는 하잖아요.

금융도 마찬가지예요. 금융 회사와 개인에게 알아서 하라고 맡겨 두면 개인이 불리할 수밖에 없어요. 금융 회사는 금융에 관한 많은 걸 알고 있지만 개인은 지식과 경험이 부족하기 마련이니까요. 내지 않아도 될 과도한 수수료를 물기 마련이고 사지 않아야 마땅한 이상한 금융 상품을 떠안게 되지요. 그러니 금융 회사가 정해진 법규를 잘 지키고 있는지 그리고 불공정한 행위를 하고 있지 않은지 감시하고 조사할 필요가 있어요. 안 그러면 금융 시장은 그야말로 난장판이 되지요.

한편 축구와 금융 사이에는 차이점도 있어요. 축구는 운동이기에 건강한 몸과 정신을 가지는 데 도움이 되지요. 하지만 금융은 어느 쪽에도 큰 도움이 되지 않아요. 돈에 너무 집착하다 보면 오히려 중요한 가치를 놓치기 쉬워요.

4

약도 독약도
될 수 있는
돈과 금융

스위스 은행은
왜 유명한가요?

스위스는 유럽의 조그마한 나라예요. 인구는 약 800만 명밖에 되지 않고 면적도 우리나라의 절반에도 못 미쳐요. 유럽의 강국인 프랑스, 이탈리아, 독일, 오스트리아에 둘러싸인 신세라 기를 펴고 지낸 적이 별로 없었지요. 가진 것이라고는 눈 덮인 알프스 산맥이 전부였고요. 오랜 기간 동안 스위스는 유럽에서 가장 가난한 나라였어요.

하지만 요즘의 스위스는 그렇지 않아요. 스위스 하면 아름다운 관광지나 초콜릿, 혹은 스위스를 대표하는 치즈 요리인 퐁듀가 생각나지요. 또 비싸고 정확한 것으로 유명한 손목시계나 요술 방망이처럼 각종 도구가 튀어나오는 스위스 군용 칼, 일명 맥가이버 칼을 만드는 나라로도 유명해요. 스위스의 정밀 기계 테크놀로지는 세계 최고 수준이에요. 2015년 스위스의 1인당 국민 소득은 세계 2위로 8,000만 원이 넘었어요. 우리나라의 약 세 배였지요. 지금의 스위스는 세계에서 몇 손가락 안에 드는 잘사는 나라예요.

스위스 하면 또 생각나는 게 바로 스위스 은행이에요. 스위스 은행은 고유한 이름이 아니라 스위스에 기반을 둔 여러 은행을 함께 일컫는 말이에요. 유비에스나 크레디트스위스와 같은 세계적인 투자 은행부터 보통 사람들은 잘 모르는 롬바르드 오디에, 줄리어스 베어, 유비피, 픽텟 같은 일명 '프라이빗 뱅크'가 대표적이지요.

스위스 은행에는 다른 은행과 구별되는 독특한 이미지가 있어요. 바로 어느 누구도 함부로 접근할 수 없는 철저한 보안을 유지한다는 이미지예요. 실제로 스위스를 대표하는 은행 유비에스의 상징은 겹쳐 놓은 세 개의 열쇠예요. 한 개의 열쇠를 훔쳐도 다른 두 개의 열쇠를 갖지 못하면 금고를 열 수 없다는 것으로, 그만큼 보안이 강하다는 의미지요. 사실 유비에스나 크레디트스위스 같은 투자 은행도 처음 시작은 프라이빗 뱅크였다가 다른 은행을 합병해 몸집을 불린 경우예요. 즉, 스위스 은행의 남다른 보안은 바로 스위스의 프라이빗 뱅크에서 유래했어요.

스위스의 프라이빗 뱅크가 안전하다는 인식이 저절로 생겨난 것은 아니에요. 여기에는 다 사연이 있어요. 과거 스위스는 비록 가난했지만 만만한 나라는 결코 아니었어요. 주변국의 왕 어느 누구도 스위스를 직접 침공할 생각은 하지 않았지요. 먹고살 길이 막막하다 보니 많은 스위스 남자가 외국의 왕을 위해 돈을 받고 싸우는 용병이 되어 생계를 유지했거든요. 스위스 용병 부대는 배신을 안 하고 용맹한 걸로 유명해 왕의 근위대로 많이 활약했어요. 자신의 경호를 책임지고 있는 이들의 고향을 공격할 왕은 없겠지요? 괜히 공격했다가 자신의 목숨이 위태로워질 수도 있잖아요. 결과적으로 스위스는 평화를 지킬 수 있었고, 스위스 은행의 금고에 맡겨진 금괴가 전쟁이나 폭동 등으로 인해 약탈되는 경우는 없었어요.

하지만 스위스 은행의 철저한 보안이 주는 진정한 의미는 다른 데 있어요. 바로 돈을 맡긴 고객의 정보를 어느 누구에게도 누설하지 않는다는 이른바 '비밀주의'예요. 프라이빗 뱅크는 우리말로 따로 번역하지 않고 영어 그대로 쓰이는데 이때 프라이빗private은 '사적인', '은밀한' 혹은 '비공개'를 뜻해요. 그러니 프라이빗 뱅크를 '사금고'로 번역해도 크게 무리가 없어요. 평범한 개인이 거래할 수 있어서 프라이빗 뱅크라고 불리는 것이 아니라는 거지요.

스위스에 프라이빗 뱅크가 생겨난 계기는 종파 간의 갈등이었어요. 16세기 초 종교 개혁이 시작되면서 프랑스에도 개혁가인 장 칼뱅을 따르는 신교도가 많이 생겨났어요. 이들은 '위그노'라고 불렸지요. 기존의 가톨릭교 신자들은 위그노를 무력으로 공격했고, 특히 1572년 성 바르톨로메오 축일 밤에 대량으로 학살했어요.

이러한 야만적인 행위가 중지돼야 한다고 생각한 프랑스의 앙리 4세는 1598년 낭트 칙령을 발표해 위그노에게 종교적 자유를 허용했어요. 가톨릭교든 신교든 자신의 신앙을 지킬 수 있도록 한 거였지요.

그러나 당시 프랑스의 가톨릭교 신자들은 위그노와 공존하기를 거부했어요. 1610년 앙리 4세는 암살당했고 낭트 칙령은 힘을 잃었지요. 결국 1685년 태양왕으로 불리는 루이 14세가 낭트 칙령을 폐지했어요. 또다시 학살당할 위험에 처한 위그노들은 영국, 네덜란드, 프로이센, 스위스 등의 신교 국가로 도망쳤는데 스위스로 온 위그노가 스위스의 프라이빗 뱅크를 세웠지요. 그중에는 대금업을 하던 개종한 유태인들도 있었고요.

스위스 은행의 비밀 계좌는 일반 은행의 예금 계좌와 달라요. 일반 은행의 예금 계좌는 돈이 얼마 없어도 만들 수 있잖아요? 하지만 스위스 은행의 비밀 계좌를 만들려면 최소 돈이 얼마 이상이 되어야 해요. 또 돈을 맡기면 일반 은행의 예금 계좌는 이자를 주지요? 하지만 스위스 은행의 비밀 계좌는 오히려 보관료를 받아요. 예금 이자율이 마이너스인 셈이지요. 그 대신 돈을 맡기는 사람이 누구인지 알려고 하지도 않고 계좌 정보를 다른 사람에게 알려 주지도 않아요. 심지어는 감독 기관이나 경찰이 요구해도 누설하지 않아요.

이자를 받기는커녕 오히려 보관료를 물어야 하는 스위스 은행

비밀 계좌를 이용하는 고객들은 어떤 사람들일까요? 정상적인 사람은 아니겠지요? 마약 거래 등으로 돈을 버는 범죄자나 무기를 사고파는 무기상들, 그 밖에 각종 부패에 연루된 이들이 스위스 은행의 주요 고객이에요. 그렇게 모인 '검은 돈'을 지켜 주고 관리해 주는 대가로 스위스 은행은 돈을 버는 거지요.

스위스 은행이 고객의 비밀을 누설하지 않는다는 원칙을 세우게 된 이유는 아이러니해요. 위그노를 쫓아낸 루이 14세는 프랑스의 세금 제도를 정비해 막대한 돈을 확보했어요. 그 돈으로 여러 전쟁을 벌였지요. 하지만 세금으로 걷은 돈만 가지고는 원하는 만큼의 전쟁을 치를 수가 없었어요. 결국 루이 14세는 모자라는 돈을 스위스의 대금업자에게 빌렸어요. 그렇지만 빚을 졌다는 사실은 비밀로 해 달라고 요청했지요. 자신이 쫓아낸 위그노 신세를 졌다는 게 창피하니까요.

스위스 은행이 자체적으로 지키는 규정이었던 비밀주의는 1934년 스위스 정부에 의해 아예 법으로 선포됐어요. 계기가 된 것은 나치의 집권이에요. 1933년 히틀러가 독일의 정권을 쥐자 독일 내 유태인들은 재산을 몰수당할까 봐 걱정하기 시작했어요. 그러자 스위스 정부가 자국 은행의 고객 정보 누설을 불법으로 규정해 그들이 안심하고 돈을 맡길 수 있도록 한 거지요. 실제로 스위스 연방 은행법에 의하면 고객 정보를 누설한 직원은 감옥에 가거나 벌금을 내야 해요.

스위스 은행의 비밀주의가 어느 정도로 심한지 다음의 사례를 보면 깜짝 놀랄 거예요. 1982년 이탈리아 경찰은 스위스 은행의 직원 두 명을 붙잡았어요. 그리고 불법적으로 돈을 맡긴 사람에 대한 정보를 주면 풀어 주겠다고 했지요. 한 명은 정보를 주고 풀려났지만 다른 한 명은 끝끝내 입을 열기를 거부해 이탈리아 감옥에서 징역을 살았어요.

그런데 반전이 일어났어요. 무사히 풀려난 첫 번째 직원은 스위스 정부에 의해 약 6,000만 원의 벌금형에 처해졌어요. 고객 정보를 누설했다는 죄명이었지요. 반면 이탈리아 경찰에 협조하지 않은 두 번째 직원은 은행으로부터 거액의 보상금을 받았어요. 스위스 은행의 비밀주의를 깨뜨리지 않은 영웅으로 대접받은 거예요.

하지만 스위스 은행의 비밀주의는 비난을 받아 마땅한 지점도 많아요. 돈이 된다면 나치와 거래하는 것도 마다하지 않았거든요. 나치 독일은 약탈한 금으로 만든 금괴를 스위스 은행에 맡겼고 스위스 은행은 독일이 전쟁을 치르기 위해 해외에 송금하는 것을 도왔어요. 제2차 세계 대전이 한창이던 1943년 독일의 경제부 장관이 "스위스와의 금융 관계가 2개월 이상 중단된다면 독일 정부는 전시 체제를 유지할 수 없다."라고 말할 정도였지요.

철통같기만 하던 스위스 은행의 비밀주의는 최근 들어 많은 공격을 받고 있어요. 결정적인 계기는 2008년 스위스 제네바 소재의 한 프라이빗 뱅크의 직원이 퇴사하면서 10만 명이 넘는 비밀 고객

명단을 빼돌려 팔려다 잡힌 사건이에요. 당연히 스위스 정부는 이 직원을 감옥에 보내려고 했지만 용케 도망친 직원은 프랑스 정부의 보호 아래 탈세 혐의자를 색출하는 데 협조했어요. 그 과정에서 전 세계 각국의 검은 돈 일부가 드러났지요.

자국민의 해외 탈세를 특히 심각하게 여긴 미국은 스위스 정부를 아주 강하게 압박했어요. 270년 전통을 자랑하는 스위스의 프라이빗 뱅크인 베겔린은 미국인들의 탈세를 도왔다는 혐의로 600억 원가량의 벌금을 내고는 결국 문을 닫았지요. 이 상황을 내버려 두었다가는 다른 스위스 은행도 큰 타격을 입겠다고 생각한 스위스는 결국 2013년 미국과 협정을 맺어 어느 정도 굴복했어요. 하지만 스위스 은행이 진짜로 비밀주의를 포기했는지는 지켜볼 일이에요. 벌써부터 돈 대신 금을 보관해 주는 식으로 비밀 계좌를 유지한다는 이야기가 나오고 있으니까요.

국제 통화 기금이
하는 일은 무엇인가요?

국제 통화 기금은 영어 이름인 인터내셔널 머니터리 펀드 International Monetary Fund의 머리글자를 딴 IMF로도 많이 알려져 있어요. 여러분은 얼핏 들어 봤겠지만 1990년대 후반을 겪었을 여러분 부모님 세대에게는 만감이 교차하게 만드는 이름이지요.

1997년 몇 개의 대기업이 연쇄 부도에 빠지면서 우리나라는 큰 위기에 처했어요. 특히 해외의 금융 회사들이 원화 가치가 하락하는 쪽으로 투기 거래를 하면서 700대였던 미국 달러:원 환율이 2,000에 육박할 정도로 뛰어올랐지요. 당시 이러한 환율 폭등은 비단 우리나라만의 문제는 아니었어요. 해외 투기 세력은 한국 외에도 말레이시아, 인도네시아, 태국, 필리핀, 홍콩 등 다른 아시아 나라들을 공격했거든요. 애초에 공격 대상이 아니었던 러시아가 제 풀에 주저앉아 모라토리엄을 선언할 정도로 위기는 심각했어요.

빚을 갚을 미국 달러가 부족했던 우리나라는 결국 국제 통화 기금과 여러 나라로부터 달러를 빌렸어요. 이론적으로는 달러를 마련하는 다른 방법도 있었지요. 원화로 돈을 빌린 다음에 그걸 팔아 미국 달러를 사는 거예요. 그러나 그렇게 하면 너무나 손해가 컸어요. 미국 달러 : 원이 700이라면 10억 달러를 마련하는 데 7,000억 원이 필요하지만 미국 달러 : 원이 2,000이라면 2조 원, 즉 거의 세 배에 달하는 돈이 필요했으니까요.

결국 국제 통화 기금에서 210억 달러, 국제 부흥 개발 은행에서 100억 달러, 일본에서 100억 달러, 미국에서 50억 달러, 아시아 개발 은행에서 40억 달러 등 총 550억 달러을 빌려야만 했어요. 미국 달러 : 원이 1,400이라고 가정하면 77조 원이라는 돈을 빌린 셈이었지요. 1996년 한국의 국내 총생산이 6,568억 달러였고 1997년 국가 예산이 63조 원이었으니 얼마나 큰돈인지 짐작할 수 있겠지요.

그러나 빌린 돈은 결코 공짜가 아니었어요. 적지 않은 이자를 갚아야 하는 것은 물론이거니와 국제 통화 기금이 내건 조건을 구조 조정이라는 이름으로 받아들여야만 했거든요. 이자율을 연 20퍼센트 가까이 높여야 했고 외국 자본이 거의 제약 없이 드나들 수 있도록 금융 시장을 자유화했어요. 결과적으로 많은 사람들이 직장을 잃었고 알짜배기 회사들이 외국인의 손에 넘어가고 말았지요. 20년 가까이 지난 지금 국제 통화 기금의 이코노미스트들은 당시의 처방이 옳지 않았다고 인정하고 있어요.

그렇게 빌린 돈을 우리나라는 3년 만에 다 갚아 국제 통화 기금을 놀라게 했어요. 올라간 환율이 수출을 많이 하는 우리나라에 유리하게 작용한 덕도 있었고 또 구제 금융을 받았다는 사실을 수치스럽게 여긴 국민들이 온 힘을 다해 애쓴 덕분이기도 했어요. 당시 국민 각자가 장롱 속에 넣어 두었던 금반지 등을 꺼내 기부한 '금 모으기 운동'은 상징적인 일화예요. 사실 금 모으기 운동을 통해 마련한 돈은 22억 달러 정도로 아주 결정적인 역할을 하지는 못했지만 말이에요.

말도 많고 탈도 많은 국제 통화 기금은 1945년에 만들어졌어요. 제2차 세계 대전이 끝나 갈 무렵인 1944년부터 미국과 영국은 전쟁이 끝나면 세계 경제를 어떻게 꾸려 나갈 것인가 협의했어요. 그 결과로 생긴 것 중의 하나가 국제 통화 기금이에요.

국제 통화 기금을 만든 원래 목적은 국제 외환 시장에서 환율이 안정적으로 유지될 수 있도록 하는 거였어요. 국가 간에 무역을 하다 보면 수출을 많이 해서 돈이 쌓이는 나라와 수입을 주로 해서 돈이 빠져나가는 나라가 생겨요. 돈이 빠져나가는 나라의 입장에서 자국의 돈 가치가 자꾸 내려가면 무작정 계속 수입할 수가 없겠지요. 마찬가지로 돈이 쌓이는 나라의 경우, 돈 가치가 자꾸 올라가면 예전보단 수출하기가 어려워지고요. 자칫 환율이 갑작스럽게

요동치면 수입이나 수출이 완전히 막히게 될 수 있어요. 이러한 경우에 대비해 환율이 변하는 과정이 점진적으로 원만하게 이루어지게 하는 게 국제 통화 기금의 역할이었어요. 이는 협상 당시 영국의 대표였던 존 메이너드 케인스의 생각이 반영된 결과였지요.

그런데 국제 통화 기금의 역할은 1970년대 들어 확연히 달라졌어요. 형편이 어려워진 나라에 돈을 빌려주고 반대급부로 금융 시장 자유화 등을 요구하기 시작했던 거예요. 이러한 요구는 글로벌 금융 회사의 요구와 다를 게 없었지요. 그래서 1997년의 외환 위기 이후 우리나라도 그러한 일을 겪어야 했던 것이고요. 이 때문에 국제 통화 기금은 외양은 국제기구지만 본질은 외국 자본이라는 비판이 전 세계 사람들 사이에 퍼지기 시작했지요.

사실 국제 통화 기금은 이란성 쌍둥이예요. 쌍둥이 형제는 바로 세계은행World Bank이라는 이름으로도 불리는 국제 부흥 개발 은행IBRD이지요. 국제 부흥 개발 은행은 처음 생길 때부터 외환보다는 대출에 주력했어요. 원래 목적은 제2차 세계 대전으로 황폐화된 서유럽을 재건하기 위해 돈을 빌려주는 거였지요. 이는 협상 당시 미국의 대표였던 해리 덱스터 화이트의 생각이었어요. 화이트와 케인스의 생각이 서로 달랐던 탓에 두 곳을 동시에 세웠던 거지요.

그러나 국제 부흥 개발 은행은 얼마 지나지 않아서 개발 도상국에 돈을 빌려주는 쪽으로 방향을 틀었어요. 그 결과 지금은 국제 통화 기금과 잘 구별이 되지 않아요. 굳이 차이를 이야기하자면 국제 통화 기금은 위기가 터진 후 단기로 돈을 빌려주고, 국제 부흥 개발 은행은 위기와 상관없이 장기로 돈을 빌려준다는 점이에요.

또한 국제 통화 기금의 총재는 언제나 유럽인인 반면 국제 부흥 개발 은행의 총재는 늘 미국인이에요. 이런 걸 보면 국제 통화 기금은 유럽의 것, 국제 부흥 개발 은행은 미국의 것으로 생각할 수도 있지만 꼭 그렇지는 않아요. 관례상 사이좋게 하나씩 나누어 가졌다고 생각하는 게 더 맞겠지요. 실제로 국가별로 주식을 나누어 가진 비율은 국제 통화 기금이나 국제 부흥 개발 은행이나 대략 비슷해요. 미국의 몫이 16~17퍼센트, 일본은 6~8퍼센트, 중국이 4~6퍼센트, 독일이 4~5퍼센트, 영국과 프랑스가 각각 4퍼센트 정도지요. 국제 통화 기금과 국제 부흥 개발 은행은 모두 미국의 수도인 워싱턴 D.C.에 있어요.

한편 국제 통화 기금과 국제 부흥 개발 은행은 설립 이래로 끊임없는 추문에 시달려 왔어요. 2004년부터 2007년까지 국제 통화 기금의 총재였던 로드리고 라토는 돈 세탁과 사기 혐의 등으로 스페인 경찰에 체포됐지요. 그 뒤를 이은 도미니크 스트로스칸은 2011년에 호텔 직원을 성폭행한 혐의로 총재에서 물러났어요. 현재 총재인 크리스틴 라가르드도 프랑스 재무 장관 시절 특정 기업에 부당한 혜택을 준 혐의로 2016년 말 유죄 판결을 받았고요. 국제 부흥 개발 은행은 설립자라고 할 수 있는 해리 덱스터 화이트가 나중에 소련의 스파이로 밝혀져 모두에게 충격을 주었지요.

화폐를
필요한 만큼
막 만들면 안 되나요?

화폐를 마구잡이로 발행하면 안 되는 이유는 사실 앞에서 이미 설명했어요. 하지만 이것은 너무나 중요한 질문이기에 다시 한번 그 이유를 정리해 볼게요.

일차적인 이유는 크게 두 가지예요. 첫째는 물가가 미친 듯이 뛰기 때문이고, 둘째는 자산의 가격이 미친 듯이 뛰기 때문이에요. 어느 쪽이든 의미는 같아요. 화폐가 더 이상 돈의 기능을 정상적으로 수행할 수 없게 된다는 것이지요. 이런 일이 벌어지면 사회는 작동을 멈추어요.

물가가 오르는 것을 물가 상승이라고 하지요. 그런데 조금 오르는 것에 그치지 않고 황당할 정도로 크게 오르는 경우가 있어요.

이것을 초물가 상승이라고 해요. 금융의 역사를 찾아보면 초물가 상승이 실제로 발생한 경우를 심심찮게 발견할 수 있어요. 그중 가장 유명한 게 바로 독일 바이마르 공화국의 경우예요.

바이마르 공화국이란 1918년 제1차 세계 대전에서 지고 난 후의 독일을 말해요. 제1차 세계 대전이 끝날 때까지 독일은 황제가 지배하는 제국이었어요. 독일 황제는 오스트리아와 세르비아 사이의 국지적인 분쟁으로 그칠 수 있었던 사건의 판을 키워 서유럽을 먼저 침공함으로써 세계 대전으로 만들어 놓은 장본인이지요. 전쟁이 끝나기 직전 네덜란드로 도망간 황제를 독일 국민들은 이제 싹 무시하기로 결정했어요. 국민이 국가의 주인임을 천명하는 공화국을 세운 것이지요.

당시 독일의 돈은 마르크와 페니히였어요. 1마르크는 100페니히였고요. 전쟁이 끝나던 1918년만 해도 빵 한 덩이의 가격은 50페니히 정도였어요. 그러나 전쟁이 끝난 후 꾸준히 올라 1919년 말에는 이미 5마르크 정도로 뛰었어요. 이것만 해도 이미 열 배나 가격이 올랐던 거지요. 1920년에는 4마르크 정도로 떨어져 안정되는 듯했어요. 그랬던 빵 가격은 1921년 6월에 갑자기 30마르크를 넘겼어요. 1922년 초까지는 30마르크대를 유지하다가 하반기에 들어서 드디어 본격적인 초물가 상승에 돌입했어요. 12월 말 700마르크를 넘긴 빵 가격은 1923년 11월에 급기야 1,000억 마르크를 기록해요. 1918년에 약 4였던 미국 달러 : 마르크 환율은 1923년 11월

4조를 넘겼고요. 숫자로 나타내는 게 무의미할 정도가 된 거지요. 물가가 너무나 오른 나머지 물건을 사려면 수레에 지폐를 잔뜩 싣고 가야 했고 그마저도 쓸모없게 되자 지폐를 불쏘시개나 벽지 등으로 쓰기도 했어요. 글자 그대로 돈이 휴지가 된 것이에요.

사실 바이마르 공화국의 초물가 상승에 대해서 이야기하는 책은 제법 많아요. 보통은 국가가 돈을 마음대로 찍기 시작하면 무슨 일이 벌어지는지를 보여 주는 사례라고 언급하지요. 재미있는 것은 그러면서 돈을 찍는 문제는 중앙은행의 손에 맡겨 두어야 한다고 주장한다는 점이에요. 마치 바이마르 공화국의 초물가 상승이 순전히 국가의 잘못이고 중앙은행은 아무런 책임이 없는 것처럼 말이에요.

사실을 이야기하자면 당시의 독일 정부와 독일의 중앙은행인 라이히스방크의 책임을 나눌 수 없어요. 독일 정부가 발행한 국채를 사들여 마르크로 바꾸어 준 것이 라이히스방크였기 때문이에요. 화폐를 만들어 낸 주체는 어쨌거나 라이히스방크니까요. 그게 중앙은행이 하는 일이고요.

정부가 문제였냐 혹은 중앙은행이 문제였냐를 따지는 건 사실 부차적인 일이에요. 그보다는 왜 바이마르공화국이 그렇게 할 수밖에 없었는가를 아는 게 필요하지요. 원인을 알아야 앞으로 초물가 상승이 벌어지는 걸 막지 않겠어요?

우선 바이마르 공화국에서 물가 상승이 발생한 전체 시기를 둘로 나누어서 생각해야 돼요. 첫 번째는 전쟁이 끝나고부터 1921년 초까지 약 2년 반 동안 빵 한 덩이 값이 50페니히에서 4~5마르크로 오른 물가 상승의 기간이에요. 두 번째는 1921년 6월부터 1923년 11월까지, 30마르크에서 1,000억 마르크까지 올라간 초물가 상승의 시기지요. 둘 다 물가가 올랐다는 점에서는 같지만 원인은 다르다는 게 중요해요.

첫 번째 시기의 물가 상승은 독일 황제가 전쟁을 치르기 위해 얻은 빚이 문제였어요. 프랑스 같은 나라는 역시 전쟁을 치르면서도 국채를 무분별하게 발행하기보다는 주로 세금에 의존했어요. 반면 독일 황제는 전쟁에 이겨 영토를 늘리면 다 갚을 수 있다는 생각으로 우선 돈을 빌리고 봤어요. 빚은 곧 돈으로 풀려 물가를 올려놓지요. 첫 번째 시기의 물가 상승은 전쟁을 하면서 국채를 대량으로 발행한 나라가 겪는 일반적인 현상이었어요. 결코 좋은 일이라고 할 수는 없지만 아주 특별한 일은 아니었지요.

반면 두 번째 시기의 초물가 상승은 독일에 부과된 전쟁 배상금이 직접적인 원인이었어요. 1921년 5월 승전국들은 독일이 금 또는 프랑, 파운드 같은 외국 돈으로만 배상금을 갚아야 한다고 정했어요. 배상금의 규모 자체가 큰 것도 문제였지만 갚아야 할 돈이 마르크가 아닌 게 더 문제였지요. 전쟁에 져서 가뜩이나 경제가 어려운데 갑자기 외국 돈으로 갚아야 할 빚이 생긴 것이니까요.

가지고 있는 외국 돈이 별로 없던 바이마르 공화국은 둘 중의 하나를 택해야만 했어요. 하나는 갚을 외국 돈이 없으니 그냥 모라토리엄을 선언하고 망하는 거였지요. 다른 하나는 독일 돈을 빌려서 이 돈으로 외국 돈을 사서 갚는 거였어요. 당장은 갚겠지만 시간이 갈수록 독일 돈인 마르크의 가치는 점점 떨어지겠지요. 국채발행은 마르크의 총량 증가로 이어지고, 마르크로 살 수 있는 외국 돈의 수량은 계속 줄어들어요. 이래도 죽고 저래도 죽는 비극적인 상황에 몰렸던 셈이에요.

바이마르 공화국의 선택은 두 번째였어요. 망한다는 결론은 같지만 당장 망할 수는 없으니 하는 데까지 해 봤던 거예요. 결국 초물가 상승이 와서 나라가 망하고 말아요. 경제사학자들은 승전국들이 독일에 부과한 조건이 너무 가혹했던 탓에 결국 두 번째의 세계 대전인 제2차 세계 대전이 벌어졌다고 이야기하기도 해요.

초물가 상승의 배후에는 언제나 빚이 있다는 사실을, 특히 외국 돈으로 갚아야 하는 빚이 있기 마련이라는 사실을 꼭 기억하세요.

금융은 어떻게 해서 부익부 빈익빈을 부채질하나요?

'부익부 빈익빈'이라는 말을 들어 본 적 있지요? 이 말은 '부자는 더 부자가 되고, 가난한 사람은 더 가난해진다.'라는 뜻이에요. 실제로 그렇다는 사람도 있고 또 그렇지 않다는 사람도 있어요. 개인의 능력 차이 때문에 당연한 결과라는 사람도 있고, 가난한 건 성실하지 못하고 게으른 탓이라고 이야기하는 사람도 있지요. 또 모든 게 사회의 구조적 문제 때문이라고 이야기하는 사람도 있어요.

이 질문에 대한 답을 찾으려는 책 하나가 2014년에 나왔어요. 파리 경제 대학의 토마 피케티가 쓴 『21세기 자본론』이에요. 이 책은 전 세계적으로 큰 반향을 불러일으켰어요. 결론이 꽤 충격적이기 때문이었지요.

17세기부터 21세기까지, 300년이 넘는 기간을 분석해 보니 자본 수익률이 경제 성장률보다 항상 높더라는 것이 피케티의 핵심 결론이었어요. 자본 수익률이란 돈이 얼마나 빠른 속도로 불어나는가를 나타내요. 경제 성장률은 실물 경제가 커 나가는 속도를 나타내고요. 결국 돈을 가진 소수의 사람은 자본 수익률에 따라 재산이 불어나는 반면, 직장에 다니는 국민 대부분은 자본 수익률보다 낮은 경제 성장률에 따라 월급이 천천히 늘어날 뿐이지요. 이대로라면 부의 불평등은 시간이 갈수록 더 심해질 수밖에 없어요.

돈을 다루는 모든 일이 금융인 만큼 금융이 부익부 빈익빈을 부채질한다는 비판으로부터 자유롭기는 어려울 듯해요. 금융 회사는 돈에 관한 자문, 중개, 매매 등의 일을 수행하지요. 이와 같이 자본이 이익을 얻도록 돕는 일들이 바로 금융 서비스니까요.

돈을 마구잡이로 발행하면 안 되는 이유로 앞에서 물가 상승과 자산 가격 상승, 이렇게 두 가지를 이야기했잖아요? 초물가 상승을 비롯한 물가 상승에 대해서는 앞에서 다루었으니 여기서는 자산 가격 상승에 대해 다룰게요. 금융으로 인한 자산 가격 상승이 부익부 빈익빈을 가져오는 직접적인 원인이거든요.

자산 가격 상승의 문제를 본격적으로 다루기에 앞서 여기서 이야기하는 자산이 무엇을 의미하는지 알아볼까요? 앞의 2부에서 보았듯이 자산은 내가 소유한 돈과 재산으로, 자본과 빚을 합한 것이에요. 하지만 여기서 이야기하는 자산에서는 예금이나 현금 같은 돈은 빼야 해요. 즉, 주식과 같은 금융 상품과 아파트 같은 부동산을 이야기하는 거예요.

자산 가격이 어떤 식으로 상승하는지 살펴보면 두 가지가 나와요. 하나는 돈의 총량이 일정한 상태에서 자산 가격이 상승하는 것이에요. 특정 자산의 가격이 오를 것이라고 전망하는 사람이 많아지면 생길 수 있지요. 앞의 3부에서 이야기한 대로 금융 시장은 수요-공급의 법칙이 성립하지 않아 불안정하기 때문에 자산 가격이 지나치게 오를 수 있어요.

다른 하나는 여기에 더해 돈의 총량이 늘어나면서 자산 가격이 상승하는 것이에요. 이 경우 이른바 자산 버블이라고 불리는 현상으로까지 발전해요. 자산 버블은 자산 가격이 비정상적인 수준으로 올라 버리는 현상을 말해요. 자산 가격과 자산 버블의 관계는 물건 가격과 초물가 상승의 관계와 같아요.

돈의 총량이 늘어나는 결정적인 이유는 바로 빚이에요. 조그마한 성냥불은 내버려 두면 금방 꺼져요. 하지만 성냥불에 기름을 부으면 집을 태울 수 있을 정도의 큰 불로 번지지요. 돈의 총량이 일정한 상태에서 생기는 자산 가격 상승은 성냥불 정도예요. 하지만 돈의 총량 증가라는 기름을 만나면 모든 것을 태워 버리는 큰 화재에 가까운 자산 가격 상승이 발생하게 되지요.

자산 버블에 대해서 좀 더 설명할게요. 금융 시장의 역사는 곧 자산 버블의 역사이기도 해요. 최초의 자산 버블은 1637년 네덜란드에서 벌어졌어요. 튤립이 투기의 대상이 되면서 평균 가격이 단 몇 달 만에 20배 가까이 뛰어오른 것이에요. 보통의 튤립이 그 정도였고 특정 종류의 튤립의 경우는 월급을 꽤 많이 받는 숙련공이 14년간 쓰지 않아야 겨우 모을 수 있는 돈에 한 송이가 팔리기도 했어요. 하지만 이렇게 뛰어올랐던 튤립의 가격은 순식간에 폭락해 버렸어요. 이 사건을 가리켜 '튤립 마니아'라고 불러요.

튤립 마니아는 우연히 일어난 일이 아니에요. 자산 버블이 생기는 데 필요한 조건이 충족됐기 때문에 벌어진 일이에요. 예를 들어, 1609년 암스테르담은행이 네덜란드에 세워졌어요. 세계 최초의 중앙은행 중 한 곳이었지요. 또 당시의 네덜란드에는 세계 최초의 증권 거래소인 암스테르담 증권 거래소가 있었어요. 1602년에 세워진 이곳은 튤립에 대한 파생 거래를 취급했어요. 파생 거래란 가진 돈의 몇 배 이상을 빌려 투기하는 것을 말해요.

그다음으로 일어난 자산 버블은 일명 '남해 버블'이에요. 1720년 영국의 남해 회사에 대한 주식 투기로 생긴 버블이었지요. 남해 회사의 주가가 몇 달 만에 열 배 이상 뛰어올랐다가 폭삭 주저앉은 사건이에요. 만유인력의 법칙으로 유명한 아이작 뉴턴이 남해 회사 주식을 샀다가 큰 손해를 본 사실도 잘 알려져 있어요.

남해 버블이 생긴 원인도 튤립 마니아와 똑같아요. 1694년 영국의 중앙은행인 영국은행이 생겼어요. 또 1697년 영국은 법을 만들어 왕립 거래소에서 주식을 거래하도록 했지요. 최근의 자산 버블로는 2007~2008년의 세계 금융 위기를 촉발한 미국 부동산 버블과 닷컴이라는 이름만 붙이면 주가가 비정상적으로 폭등했던 1999~2000년의 IT 버블이 있어요.

자산 가격 상승은 물가 상승보다 더 나쁜 일이에요. 왜냐하면 물가 상승으로 인한 피해는 모두가 함께 입는 반면, 자산 가격 상승으로 인한 피해는 주로 재산이 별로 없는 사람들에게 집중되기 때문이에요. 건전하게 일하며 사는 대다수 사람들은 자산 가격 상승을 보면 박탈감을 느낄 수밖에 없지요. 아껴 모은 예금을 한순간에 푼돈으로 만들어 버리는 자산 버블은 말할 필요도 없고요.

자산 버블이 생긴 이후에는 반드시 자산 가격이 제자리로 돌아가는 시기가 있기 마련이에요. 이를 두고 경제학자들은 경제가 어려워졌기 때문에 대출 이자율을 낮추어야 한다고 이야기해요. 이자율이 0퍼센트까지 낮아져도 된다면서 말이에요. 말은 그렇게 하지만 결과적으로 자산 가격 하락을 막아 금융 회사가 연명할 수 있게 만들자는 것이지요. 그렇게 이야기하는 경제학자들이 형편이 어려운 사람들에게 낮은 이자율로 대출해 주는 것에 대해서는 왜 그토록 반대하는지 궁금할 따름이에요.

시장을
내버려 두어야 할까요,
개입해야 할까요?

시장은 꼭 필요한 곳이에요. 시장이 없는 삶은 생각할 수 없어요. 시장이 없으면 여러분이 좋아하는 군것질도 할 수 없어요. 저는 특히 떡볶이를 좋아하는데 시장이나 분식점에서 사 먹는 대신 배급받고 싶지는 않아요. 또 누가 저더러 "떡볶이는 한 번에 1인분만 먹어라." 한다든지 "떡볶이 가격은 1인분에 1만 원이다."라고 한다면 화가 날 것 같아요. 그건 저나 떡볶이 파는 사람이 알아서 할 문제지 누가 이래라저래라 할 일이 아니니까요. 시장을 없애야 한다고 누군가 주장한다면 저는 "절대로 그러면 안 된다."라고 이야기할 거예요.

그런데 거기서 그치지 않고 "시장은 자유롭게 내버려 두어야 하며 국가가 개입하면 안 된다."라고 이야기하는 사람들이 있어요. 그러면서 '시장 대 국가'의 관계에서 어느 쪽을 택할 거냐고 묻지요. 시장이 자유와 거래를 의미한다면 국가는 규제와 배급을 상징해요. 이렇게 물으면 누구라도 '시장은 내버려 두어야 하는 곳이구나.' 하고 생각하게 되지요.

이와 같은 이야기를 하는 이들은 하나만 알고 둘은 모르는 거예요. 왜냐하면 시장은 꼭 필요하지만 그렇다고 완벽한 존재는 아니기 때문이지요. 시장은 내버려 두면 저절로 잘 돌아가는 곳이 결코 아니에요. 이것을 가리켜 '시장 실패'라고 불러요.

경제학자들이 가정하는 이상적인 시장의 모습은 이른바 완전 경쟁 시장이에요. 완전 경쟁 시장이란 생산자와 소비자가 둘 다 많은 시장이지요. 또 하나 중요한 조건은 어느 한 생산자나 소비자도 다른 생산자나 소비자를 압도할 만큼 큰 규모가 아니어야 한다는 점이에요. 다시 말해 모든 생산자와 소비자의 크기가 도토리 키 재기처럼 비슷비슷해야 한다는 거예요.

왜 그런지를 설명해 볼게요. 가령, 한 회사가 전체 시장의 30퍼센트 이상을 차지한다면 나머지 회사들은 그 대규모 회사와 제대로 된 경쟁을 할 수가 없어요. 대규모 회사는 소규모 회사보다 더 싸게 물건을 팔 수 있기 때문이에요. 재료를 대량으로 구입하니까 원가를 내릴 수 있고 다른 비용도 낮출 수 있거든요.

게다가 경우에 따라서는 손실을 입을 정도로 가격을 낮추어 팔기도 하지요. 다른 소규모 회사들을 모두 망하게 하기 위해서예요. 이를 '출혈 경쟁' 혹은 '가격 전쟁'이라고 부르지요. 가격 전쟁 끝에 소규모 회사가 모두 망하고 나면 그때 가서 대규모 회사는 가격을 엄청 올리는 거예요. 팔 물건을 가지고 있는 회사가 한 곳밖에 안 남았으니 가격을 마음대로 올릴 수 있잖아요. 결과적으로 대규모 회사는 엄청난 이익을 거두어요. 이름하여 '독과점 기업'이 되는 거지요. 문제는 완전 경쟁 시장이라 해도 내버려 두면 얼마 안 있어 독과점 기업이 판을 치는 독과점 시장 혹은 불완전 경쟁 시장이 돼 버린다는 점이에요.

시장 실패는 그게 다가 아니에요. 여러분이 좋아하는 컴퓨터 게임을 예로 들어 설명해 볼게요. 미국의 블리자드라는 회사에서 만든 '오버워치'라는 게임이 요즘 인기가 많아요. 팀을 나누어 싸우는 슈팅 게임이지요. 그런데 문제가 생겼어요. 이른바 '핵 유저' 때문이에요. 여기서 핵은 핵무기가 아니고 해킹, 즉 조준을 자동으로 해 주는 불법 프로그램을 말해요. 오버워치는 세밀한 조준 능력이 중요한 게임이라 이런 프로그램을 쓰는 핵 유저는 초보자라 해도 고수를 쉽게 제압할 수 있어요.

여러 사람이 동시에 함께하는 오버워치 같은 게임은 각자의 실력을 겨루는 장이에요. 저마다 알아서 어떤 기술과 전술을 사용해 게임을 할지 정하지요. 제가 시장에서 어떤 떡볶이를 얼마나 살지를 정하는 것과 똑같아요. 누군가 이에 대해 이래라저래라 하면 기분이 나쁠 거예요.

하지만 불법 프로그램을 쓰는 것은 개인의 자유에 맡겨 놓을 문제가 아니에요. 모두가 반칙하지 않고 공정하게 참여해야 게임이 재미있는데 누군가 혼자 좀 더 점수를 따 보겠다고 이런 프로그램을 쓰면 나머지 사람들은 오버워치를 제대로 즐길 수가 없잖아요. 재미도 없어지고요. 이것이 바로 '도덕적 해이'라는 문제예요. 게임 개발사인 블리자드가 아무런 개입도 하지 않고 이 문제를 내버려 둔다면 결국 오버워치는 아무도 하지 않는 게임이 될지도 몰라요.

시장도 마찬가지예요. 대개 판매자와 소비자 사이에는 이른바 '정보의 비대칭성'이 존재해요. 쉽게 말해 판매자는 자기가 파는 물건이 어떠한지 알지만 소비자는 판매자만큼 알 수 없어요.

정보의 비대칭성이 노골적으로 드러나는 대표적인 예가 중고차 시장이에요. 중고차 시장은 얼핏 보면 완전 경쟁 시장 같아요. 판매자들의 규모도 고만고만하고 소비자들도 특별히 다를 이유가 없으니까요. 하지만 차에 대한 정보에서 차이가 나요. 판매자는 마음만 먹으면 사고가 났던 차도 멀쩡한 차처럼 포장해서 팔 수 있어요. 그렇게 되면 판매자의 이익이 커지겠지요. 반면 정보가 부족할 수밖에 없는 소비자는 속아서 사기 쉽지요. 국가 입장에서 이런 상황을 그대로 내버려 둘 수는 없잖아요? 그래서 국가가 중고차 시장의 규칙을 정하고 판매자에게 자기가 판 차에 대해 책임지게 하지요.

시장 실패가 아니더라도 세상에는 시장이 처리할 수 없는 일들이 있어요. 시장이 알아서 하도록 내버려 둘 수 없는 대상은 이 외에도 많아요. 예를 들면, 사람을 사고파는 건 불법이에요. 그런데 예전에는 이런 일이 가능했지요. 바로 노예 시장이었어요. 노예 시장은 자생적으로 생겨났어요. 하지만 오늘날에는 모든 국가들이 노예 시장을 인정하지 않아요. 사람을 수단으로 대하는 것은 옳지 않기 때문이에요.

사람의 장기도 그 예지요. 장기 이식이 필요한 아픈 사람이 있을 경우, 아무런 대가 없이 자발적으로 내 장기를 기증할 수는 있어요. 주로 가족 간에 기증하지만 전혀 모르는 사람에게 기증하기도 하지요. 하지만 장기를 준 대가로 돈을 받는 것은 엄연히 불법이에요. 다시 말해 장기에 대한 시장은 인정받을 수 없다는 거지요. 왜냐하면 사람의 장기가 사고파는 대상이 되면 누군가 일부러 사람을 죽여서 장기 장사에 나서지 말란 법이 없기 때문이에요.

또 다른 예로 투표권이 있어요. 거의 모든 사람들이 투표권을 돈으로 사고팔면 안 된다고 생각하지요.

자유 시장주의를 이야기하는 사람들은 시장이 언제나 자생적으로 생겨난 것처럼 이야기해요. 국가 없이 자생적으로 생겨났으니 국가가 끼어들면 안 된다는 논리예요. 하지만 이 또한 사실과 거리가 멀어요. 자생적으로 생겨난 시장도 있긴 해요. 하지만 그대로

놓아두면 힘센 자가 모든 것을 좌지우지하는 곳이 돼 버려요. 그뿐만 아니라 강도나 산적 떼가 나타나 약탈하기도 쉬워요. 국가가 시장을 관리하고 규제하지 않으면 시장은 피도 눈물도 없는 곳으로 변해 버리고 말아요. 국가의 권력이 완전히 미치지 않는 곳에 존재하는 글로벌 해상 운송 시장이나 글로벌 외환 시장 같은 것이 좋은 예지요. 국가의 간섭 없이 제대로 된 시장이 존재하기는 매우 어려워요.

사실 시장의 자유를 주장하는 목소리를 가만히 들어 보면 그 사람들의 속마음이 다른 곳에 있음을 알게 돼요. 시장이 아닌 회사의 자유를 원하는 것이지요. 회사가 마음대로 폭리를 취해도 되고 소비자를 우롱해도 되는 자유 말이에요. 그들이 시장의 자유를 주장할 때 시장을 구성하는 또 다른 한 축인 소비자에 대해서는 거의 언급하지 않아요. 시장과 회사는 결코 동의어가 아니라는 점을 꼭 기억해야 해요.

은행이
망할 위기에 처하면
어떤 일이 벌어지나요?

은행이 망하는 건 큰일이에요. 2011년 그리스의 국가 부도도 그리스의 주요 은행들이 빚을 갚지 못하면서 벌어진 일이었지요. 은행이 망하면 워낙 심각한 일들이 벌어지기 때문에 어떻게 해서든지 망하지 않도록 막아야 할 것처럼 느껴져요.

은행이 망하면 무슨 일이 벌어질까요? 개인 입장에서는 우선 예금이 걱정돼요. 돈을 현금으로만 가지고 있기에는 불편함이 커요. 금액이 커질수록 보관도 어려워요. 도둑이 들까 봐 걱정도 되고요. 그렇다고 항상 몸에 지니고 다닐 수도 없지요. 강도나 소매치기를 만날 수도 있으니까요. 그래서 은행은 예금을 통해 돈을 보관해 줘요. 예금의 이자는 사람들이 더 많은 돈을 갖다 맡기도록 하는 일종의 유인책이지요. 사실 이자를 주지 않더라도 사람들은 현금 보관의 어려움 때문에 기꺼이 돈을 맡길 의향이 있어요. 안전이 보장된다면 누구에게라도 맡길 수 있어요. 이러한 서비스를 마침 은행이 제공해 주는 거지요.

돈을 맡길 때 가장 중요한 사항은 얼마나 안전하냐예요. 보관해 주고 있다는 곳이 어느 날 갑자기 돈을 들고 사라지는 일이 있어서는 절대 안 되겠지요? 또 돈을 맡긴 곳이 망해도 곤란해요. 그런 일이 벌어지면 돈을 제대로 돌려받을 수가 없으니까요. 그러한 걱정이 들면 더 이상 돈을 맡길 수 없지요.

오늘날 거의 모든 국가들은 돈을 안전하게 보관해 주는 역할을 은행에 맡겼어요. 그렇기 때문에 은행은 스스로를 위협할 수도 있는 투기적인 행위에 함부로 나서면 안 돼요. 하지만 알아서 잘하겠거니 하고 내버려 두면 은행은 보란 듯이 그런 행위에 나서지요. 1907년에 망한 니커보커 신탁이 한 예지요.

니커보커 신탁은 20세기 초반 미국의 주요 은행 중 하나였어요. 1907년 몇 개의 은행을 소유한 투기꾼 일당이 구리 회사에 대한 투기를 벌이다 실패하고 말았어요. 문제는 니커보커가 이 투기에 편승해 구리 자체에 대한 투기를 벌이다 큰돈을 잃었다는 점이었어요.

그러자 니커보커가 막대한 손실을 봤다는 소문이 쫙 퍼졌어요. 니커보커가 곧 망할지도 모른다고 생각한 다른 은행들은 니커보커와의 돈 거래를 중지했지요. 소문은 이내 개인들에게도 알려졌어요. 평생 모은 예금이 날아갈지도 모른다는 걱정에 휩싸인 사람들은 니커보커의 지점에 몰려들었어요. 늦기 전에 예금을 되찾기 위해서였지요. 결국 니커보커는 문을 닫고 말았어요.

예금을 맡긴 사람들이 예금을 되찾기 위해 은행으로 몰려드는 일을 '뱅크런bank run'이라고 불러요. 뱅크런이 실제로 발생하면 멀쩡해 보이던 은행이 순식간에 망해요. 이유는 단순해요. 예금은 은행이 가진 돈이 아니라 빌린 돈이기 때문이에요. 개인들에게 빌린 돈으로 대출해 주는 게 은행이 돈을 버는 방법이니까요.

평상시에는 대부분의 사람들이 이자를 생각하면서 예금을 찾아가지 않으니 괜찮은 듯 보여요. 하지만 일시에 많은 사람들이 예금을 찾아가겠다고 나타나면 막상 그 돈이 은행에 없다는 사실이 밝혀져요. 그 돈은 이미 다른 사람이나 회사 등에 빌려준 상태니까요. 그러니 은행은 파산할 수밖에 없지요. 니커보커의 은행장은 파산한 지 채 한 달이 지나지 않아 권총 자살로 생을 마감했어요. 파산한 니커보커를 인수한 뉴욕 은행은 현재 뉴욕 멜론 은행이라는 이름으로 영업 중이에요.

뱅크런은 결코 과거의 일이 아니에요. 최근의 예로 영국의 은행 노던록의 경우가 있어요. 영국에서 다섯 번째로 큰 은행이었던 노던록에 2007년 갑자기 뱅크런이 일어난 거예요. 노던록은 주로 부동산을 담보로 잡고 돈을 빌려주는 은행이었어요. 그런데 부동산 시장이 폭락하자 노던록이 대출을 다 돌려받지 못하게 될 것 같다

는 전망이 영국 사람들 사이에 퍼졌어요. 수천 명이 넘는 사람들이 노던록의 영국 내 76개 지점에 몰려들었지요. 9월 14일 하루 동안 전체 예금액의 4퍼센트가 넘는 10억 파운드의 돈을 되찾아 갔어요. 우리 돈으로 치면 1조 5,000억 원이 넘는 돈이었지요. 결국 영국 정부는 2008년 1월 노던록을 국유화하기로 결정했어요.

주기적으로 발생하는 뱅크런을 없애기 위해 미국은 1933년 세계 최초로 예금자 보호 제도를 도입했어요. 일정 금액 이하의 예금은 무슨 일이 있어도 되찾을 수 있도록 국가가 나서서 보증해 주는 제도예요. 아무리 뱅크런이 나도 예금액이 어느 한도 이내라면 굳이 돈을 찾을 필요가 없겠지요? 대다수의 사람들이 그렇게 느끼면 뱅크런은 잘 발생하지 않지요. 2017년 기준으로 미국의 예금자 보호 한도는 25만 달러, 우리 돈으로 약 3억 원 정도예요. 우리나라의 경우는 5,000만 원이고요.

한편 은행에 맡긴 예금이 안전하게 지켜지는 것과, 투기 거래를 일삼다가 큰 손실을 입은 은행이 망하지 않도록 하는 것은 별개의 문제예요. 어떠한 경우에도 망해서는 안 된다면 그런 회사는 국영 기업으로 만드는 게 더 합리적이겠지요. 반대로 국유화로 발생할 수 있는 또 다른 종류의 비효율이 더 큰 문제라고 판단할 수도 있어요. 그렇다면 원칙적으로 망하는 게 가능한 주식회사 형태의 사기업으로 만들 수도 있고요. 그 대신 이때는 은행이 투기 거래를 하지 못하도록 잘 관리해야 할 거예요.

누군가 돈을 벌면 다른 누군가는 돈을 잃게 되나요?

누군가 돈을 벌면 누군가는 돈을 잃게 되는 걸까요? 저는 이 질문에 답하기 위해 한참 동안 고민했어요. 그래서 생각 실험을 해 보았어요. 농부, 옷 만드는 장인, 양치기 이렇게 세 사람이 살고 있는 어떤 나라가 있어요. 농부는 50, 장인은 30, 양치기는 20의 돈을 가지고 있어요. 따라서 이 나라 돈의 총합은 100이에요. 이 나라에서는 금화만 돈으로 이용해요. 금광은 없고 외국과 무역을 하지 않아요. 즉, 이 나라의 돈은 유한해요. 절대로 늘어날 수 없어요.

먼저 실물 경제를 생각해 봐요. 농부가 기른 곡식을 장인이 사요. 또 장인이 만든 옷을 양치기가 사고, 양치기가 짠 우유를 이번에는 농부가 사요. 곡식, 옷, 우유의 가격은 모두 10이에요. 이 경우

농부, 장인, 양치기 세 사람 모두 10의 돈을 쓰고 대신 10의 돈을 벌어요. 계속 이렇게 하기 때문에 1년이 지나도 각각 가진 돈에는 변함이 없어요. 모두 처음과 같은 50, 30, 20의 돈을 가지고 있지요.

그런데 갑자기 농부가 곡식의 가격을 15로 올렸다고 생각해 봐요. 장인과 양치기가 각각 옷과 우유의 가격을 10으로 유지한다면 이제 농부는 매년 5의 이익을 얻어요. 곡식을 15에 팔고 우유를 10에 사기 때문이에요. 그 대신 장인은 매년 5씩 손실을 입지요. 왜냐하면 곡식을 사느라 15를 쓰지만 옷을 팔아 생기는 돈은 10밖에 안 되기 때문이에요. 양치기는 옷을 사느라 10을 쓰고 우유를 팔아 10을 얻으니 이익도 손실도 없어요. 따라서 매년 농부의 돈은 5씩 늘어나는 반면, 장인의 돈은 5씩 줄어들어요. 6년이 지나면 농부는 80, 장인은 0, 양치기는 20의 돈을 갖게 되지요. 결국 장인은 파산하고 말아요.

그렇지만 장인도 농부와 똑같은 사람이에요. 이대로 가다가는 파산할 게 뻔한데 가만히 있을 리 없잖아요. 농부가 곡식의 가격을 15로 올리면 장인도 옷의 가격을 최소 15로 올리지 않을 수 없어요. 그래야 자신의 파산을 막을 수 있으니까요. 마찬가지로 양치기도 우유 가격을 올려야 해요. 결과적으로 모든 물건의 가격만 10에서 15로 올랐을 뿐 농부, 장인, 양치기의 돈에는 아무런 변화가 없어요.

곡식의 가격이 15로 올랐으니 옷의 가격을 15로 올리는 장인의 행동은 경제학이 가정하는 합리적인 인간의 전형적인 모습이에요. 합리성 그러면 어쩐지 철학 책에나 나올 법한 굉장히 어려운 이야기로 들리지요? 그렇지만 경제학이 이야기하는 합리성은 사실 너무나 쉬운 개념이에요. 돈을 기준으로 이익과 손실을 따져서 결정한다는 것이 경제학의 합리성이지요. 이 생각 실험은 합리적인 결정이라는 게 완벽하지 않고 한계가 많다는 이야기기도 해요. 모두 합리적으로 행동하지만 아무도 이익을 얻지 못하니까요.

한 가지 예를 들어 볼까요? 차를 몰고 가다가 교차로에 서 있다고 생각해 봐요. 신호등이 파란불이지만 건너편에 이미 차가 많아서 지금 앞으로 가면 교차로 중간을 막아서게 되는 상황이에요. 합리적인 개인이 보기에는 그래도 차를 몰아서 꽁무니에 붙는 편이 나아요. 교차로 중간에 서도 내가 입는 손실은 거의 없는 반면, 결과적으로 좀 더 빨리 교차로를 지나갈 수 있으니까요. 자신의 손실과 이익만을 계산해 보면 건너가지 않는 사람이 바보지요.

하지만 한 차가 이와 같은 행동을 보이면 옆 차들도 따라 하기 시작해요. 여러 대가 그러면 교차하는 차선의 차들은 파란불이 켜져도 거의 못 지나가요. 그 차들을 운전하는 이들도 사람인지라 자기 차례 때 똑같은 행동을 보이지요. 결과적으로 그 교차로는 모든 방향의 차들이 엉켜서 '어느 누구도' 지나가지 못하는 상황에 처해요. 한 사람의 이른바 합리적 행위가 결국 모두의 손해를 가져온 셈이에요.

‘합리적인’으로 번역하는 영어 단어에는 래셔널rational과 리즈너블reasonable 이렇게 두 가지가 있어요. ‘합리적인’이라는 말 자체는 ‘이성에 준하는’ 혹은 ‘이치에 합당한’이라는 뜻이지요. 그런데 사실 래셔널과 리즈너블은 의미가 서로 달라요. 경제학의 합리성은 래셔널인 반면, 윤리학의 합리성은 리즈너블이에요.

래셔널이라는 말은 레이쇼ratio에서 나왔어요. 숫자로 나타낼 수 있는 비율을 뜻하는 말이에요. 그러니까 래셔널이라는 단어는 ‘계산적인’ 혹은 ‘타산적인’으로 번역하는 것이 훨씬 자연스러워요. 반면 윤리에서 다루는 이성, 즉 리즌reason은 래셔널이 가정하는 계산적인 자아를 넘어서는 개념이에요. 어려운 사람을 보면 도우려고 하고, 개인으로서는 약간 불편해도 공공의 이익을 위해 기꺼이 의무를 준수하는 윤리적 주체지요.

그렇기 때문에 경제적 합리성은 제한된 범위 내에서 허용되어야 하는 개념인 거예요. 단적인 예를 들어 볼게요. 거래를 할 때 상대방을 속여 비싸게 파는 건 래셔널해요. 내 이익이 최대화되니까요. 하지만 이는 결코 리즈너블하지 않아요. 교차로의 경우처럼 곧 모두의 피해로 되돌아올 테니까요. 이렇게 서로 다른 두 개념을 구별하지 않고 ‘합리적인’이라는 하나의 단어만 쓰는 것은 사실 꽤나 비극적인 일이에요. 일본에서 먼저 번역한 말을 무비판적으로 들여온 탓이지요.

한편 이 생각 실험 속의 세계에서 돈이 유한하지 않다면 이야기가 조금 더 복잡해요. 하지만 내가 돈을 번 만큼 누군가 결과적으로 조금 더 불리한 입장에 처하게 되는 것은 마찬가지예요. 설혹 내가 번 돈이 정당하다고 하더라도 그로 인해 돈의 총량이 늘어난 만큼 물가와 자산 가격이 오를 테니까요.

경제학은 효율이라는 개념을 좋아해요. 내버려 두면 시장이 수요—공급의 법칙을 통해 최선의 결과를 가져온다는 시장주의에도 효율이라는 개념이 짙게 배어 있지요. 그런데 경제학이 이야기하는 효율에는 사실 두 가지가 있어요.

첫 번째 효율은 파레토 효율이에요. 엔지니어로서 나중에 정치경제학 교수가 된 이탈리아인 빌프레드 파레토가 주장한 효율이지요. 파레토 효율을 설명하는 가장 쉬운 방법은 예를 드는 거예요. 민준이와 서연이라는 두 사람으로 구성된 국가가 있어요. 그 국가에는 모두 10이라는 유용한 자원이 있어요. 만약 민준이와 서연이가 각각 5씩 가졌다면 이는 파레토 효율 상태에 해당돼요. 이런 상태에 대해 효율적이라고 말하는 것은 우리 상식과 일치해요.

그런데 민준이는 3을 가지고 서연이는 4를 가진 경우는 어떨까요? 이럴 때는 파레토 효율 상태가 아니에요. 비효율적이라는 거지요. 국가 전체에 10이라는 자원이 있는데 아직 3의 자원이 채 활용되지 않았기 때문이지요. 여기까지 이해하는 데는 큰 어려움이 없었을 거예요.

그러면 다음의 상황은 어떨까요? 민준이가 8을 가지고 서연이가 2를 가진 상황이에요. 효율적인지는 잘 모르겠지만 그렇게 공평해 보이지는 않지요. 하지만 이 경우도 파레토 효율 상태예요. 왜냐하면 파레토 효율은 한 사람을 더 좋게 만들려면 반드시 다른 사람을 더 나쁘게 만들어야만 하는 상태로 정의되기 때문이에요. 서연이가 자기 소유를 2에서 3으로 늘리려면 민준이가 가진 8에서 1을 가져오는 것 외에는 방법이 없지요. 마찬가지로 민준이가 가진 8이 9가 되려면 서연이가 가진 2가 1로 줄어야만 하고요.

다시 말해 파레토 효율은 얼마씩 나누어 가졌는가에는 관심이 없어요. 단지 아무도 갖지 않은 자원이 있나 없냐만을 따질 뿐이지요. 남아 있는 자원이 있으면 비효율, 남아 있는 자원이 없으면 효율인 것이에요. 효율에 대한 이런 식의 정의는 사실 그렇게 만족스럽지는 않아요. 민준이와 서연이가 5대 5로 나누든 혹은 8대 2로 나누든 똑같이 효율적이라고 이야기하니까요.

경제학이 이야기하는 두 번째 효율은 별로 만족스럽지 못한 파레토 효율에서 한 발자국 더 나가요. 이 개념을 세운 니콜라스 칼도와 존 힉스의 이름을 딴 이른바 칼도−힉스 효율이에요. 이들에 의하면 한쪽이 나빠지더라도, 그 나빠진 정도보다 다른 한쪽이 더 좋아지면 그것은 더 효율적인 상태가 된 거예요.

예를 들어 볼게요. 원래 민준이가 8을 가지고 서연이가 2를 가졌다고 해 봐요. 그런데 서연이의 것이 1로 줄더라도 민준이의 것이 10이 되면 칼도−힉스 효율은 잘된 일이라고 판단해요. 서연이의 손실은 1이지만 민준이의 이익은 2라서 국가 전체적으로는 더 좋아졌다는 것이지요. 경제학이 지향하는 효율이 이런 거라면 금융이 부익부 빈익빈을 부채질한다는 비판을 면할 길이 없어요. 결국 부자가 더 부자가 되고 가난한 사람은 더 가난해져도 괜찮다는 이야기니까요.

지금까지의 이야기를 읽고 누군가는 보통 사람은 금융과 거리를 두는 편이 낫다고 생각하게 됐을지도 모르겠어요. 하지만 저는 그렇게 생각하면 안 된다고 믿어요. 오히려 이런 일이 벌어지지 않도록 모두가 더욱 큰 관심을 가지고 지켜봐야 해요.

그냥 돈 없이
살 수는 없나요?

    지금까지 이야기한 많은 문제의 원인은 바로 돈 그 자체예요. 온갖 문제를 겪을 바에는 아예 돈을 없애는 것이 낫지 않을까 하는 생각이 들 정도지요. 돈을 세상에서 없애 버리는 것이 가능할까요?

    앞의 1부에서 돈은 국가가 만드는 거라고 했어요. 따라서 돈을 없애려면 국가가 돈을 그만 만들어야 해요. 하지만 국가 입장에서는 돈이 없어지면 불편한 점이 한두 가지가 아니에요. 무엇보다도 국가가 돈을 없애면 세금을 걷기가 어려워요. 세금을 걷지 못하면 국가는 기능할 수 없지요. 그렇기 때문에 국가가 먼저 돈을 그만 만들겠다고 나설 가능성은 희박해요.

1퍼센트도 되지 않는 낮은 가능성이지만 국가가 돈을 포기하더라도 세상에서 돈이 사라질 것 같지는 않아요. 왜냐하면 그때는 귀금속 같은 이른바 실물 돈이 다시 돈으로 쓰일 테니까요. 거래를 도와주는 수단인 돈이 아예 없으면 경제 활동이 너무나 불편해요. 그래서 세상에서 돈을 없애는 건 불가능에 가까운 일이에요. 그리고 돈을 대신할 만한 다른 수단을 아직 어느 누구도 알지 못해요.

저는 요즘 돈이 물과 같다는 생각을 많이 해요. 물이 없으면 목이 마르지요. 계속 물을 마시지 못하면 결국에는 목말라 죽기까지 해요. 그래서 물은 필수품이지요.

하지만 반대로 물이 너무 많으면 그것도 문제예요. 비가 너무 많이 내리면 온 세상에 홍수가 나지요. 집이 떠내려가고 다리가 끊기고 난리도 아니에요. 또 방 안에 물이 가득 차면 숨을 쉴 수 없어 질식해 죽을 수도 있어요. 그러니 물은 너무 적지도 너무 많지도 않게, 적당히 있어야 해요. 그런데 그 '적당히'가 참 어려워요.

돈도 마찬가지예요. 돈이 너무 없으면 인간다운 삶을 살기 어려워요. 반대로 돈이 너무 많으면 건강한 삶이 무너지기 쉽지요. 로또 같은 것에 당첨돼 갑자기 큰돈이 생긴 사람 중에는 몇 년이 지나서 이전보다 못한 생활을 하는 사람이 많다고 해요. 알코올 중독에 빠지거나 혹은 가진 돈을 모두 다 써 버리고 외톨이로 전락하는 일이 너무나 많거든요.

세상 전체적으로도 그래요. 돈이 너무 적으면 경제 활동이 위축

돼요. 반대로 너무 많으면 정상적인 경제 활동을 무용지물로 만들지요. 보통 중앙은행에 돈의 총량을 관리하는 임무를 주지만 완벽하지 않아요. 중앙은행이 임무를 제대로 수행했다면 돈으로 인한 여러 문제는 그동안 거의 나타나지 않았어야지요. 하지만 문제들이 반복적으로 나타나는 걸 보면, 중앙은행이 무능하거나 혹은 중앙은행만으로 해결할 수 있는 일이 아니라고 결론짓는 게 타당해요.

돈은 또 다른 관점에서도 물과 같아요. 물이 너무 뜨거워지면 화상을 입을 수 있을 정도로 위험해 지고, 반대로 너무 차가워지면 꽝꽝 얼어버리지요. 돈도 너무 뜨거워져도, 너무 차가워져도 안 돼요. 국가가 돈을 제대로 관리하지 않으면 돈은 너무 뜨거워져요. 특히 자산 가격이 폭등해요. 결과적으로 모두가 뜨거운 온도에 데고 말지요. 그런데 역사를 보면 중앙은행이 자산 가격 폭등에 효과적으로 대응한 적은 별로 없어요. 그러니 폭등의 기미가 있을 경우 중앙은행이 문제를 해결할 거라고 안심하지 말고 뭔가 다른 방법을 찾는 게 나아요. 이걸 내버려 두면 사회 전체가 카지노가 될 뿐이에요.

앞의 2부에서 국가가 국채를 발행하는 이유 한 가지를 이야기했어요. 돈을 빌려 당장 전쟁 등의 목적에 쓰기 위해서였지요. 이제 국가가 국채를 발행해서 돈을 빌리는 두 번째 이유를 이야기할게요. 그 이유는 바로 돈 자체를 만들어 내기 위해서예요.

국가가 국채를 발행하면 중앙은행이 우선 사요. 그 대신 국가는 자신의 예금 계좌에 돈이 생기지요. 즉, 국채의 규모만큼 돈이 생기는 거예요. 바꿔 이야기하면 국가가 국채를 통해 빚을 지지 않으면 시중에 돌아다니는 돈이 생길 수 없는 구조예요.

이쯤에서 또 다른 의문이 생겨요. 어차피 국가는 돈을 만들 수 있는 권위를 가지고 있어요. 국채를 발행해서 돈을 만들든 직접 돈을 만들든 다를 바가 없어요. (중앙은행 때문에 돈이 생긴다고 착각하면 안 돼요. 앞에서 이야기했듯이 중앙은행은 국가가 필요해서 만든 기관이니까요.) 그런데 왜 굳이 빚을 지는 걸까요?

은행들은 국가가 직접 돈을 발행하면 큰일 난다고 이야기해요. 브레이크 없는 폭주 기관차처럼 돈이 발행돼서 엄청난 물가 상승이 초래될 거라고 겁을 주지요. 돈을 만들 때 국가가 빚을 지게 해야 돈의 발행이 통제될 수 있다는 주장이에요. 갚을 이자가 겁나서라도 무턱대고 많은 돈을 빌리지 않게, 즉 돈을 만들지 않게 된다는 거지요.

하지만 은행들의 본심은 다른 데 있어요. 국가가 빚을 지게 해야 돈을 벌 수 있기 때문이에요. 국채를 발행해 돈을 만드는 것과 국가가 직접 돈을 만드는 것 사이에는 하나의 큰 차이점이 존재해요. 바로 전자는 국가가 이자를 물어야 하지만 후자는 그렇지 않다는 점이에요. 국가 입장에서는 후자가 돈이 덜 들고 전자가 돈이 더 들어요. 국가 입장이라고 했지만 결국은 국민이 세금으로 부담해야 하는 돈이지요.

반면에 은행 입장에서는 이야기가 달라져요. 국가가 직접 돈을 만들면 실물 경제를 원활하게 하는 목적으로만 돈이 사용돼요. 은행들이 거두어 가는 돈은 없지요. 하지만 국채를 발행하게 하면 결국 은행이 국채를 사서 얼마간의 이자를 확실히 벌어요. 중앙은행이 산 채권을 은행이 또 사는 것이지요. 돈이 돈을 벌게 하는 고리대금업의 원리가 여기서도 통용이 되는 셈이에요.

은행과 자유 시장주의에 뿌리를 둔 현재의 금융 시스템은 결코 완벽하지 않아요. 그래도 최소한 차선은 되지 않을까 하고 생각할 사람은 꽤 있을 것 같아요. 그런데 그것도 자신하기는 어려워요. 경제학이 밝힌 한 이론 때문이에요.

리처드 립시와 켈빈 랭커스터라는 두 명의 경제학자가 발표한 '차선의 이론'에 의하면, 어떤 것이 최선에 근접했다는 이유만으로 저절로 차선이 되지 않아요. 가령, 우리가 바라는 게 경제 발전과 부의 축적, 그리고 공정한 사회라고 해 봐요. 이를 모두 충족시키기 위한 조건이 다섯 가지라고 할 때 그중 하나가 '다른 사람에게 손해를 끼칠 경우, 자신의 것이라 해도 무제한적인 권리 주장을 삼갈 것'이라고 해 봐요. 이는 '남에게 대접받고 싶은 대로 남을 대접하라.'라는 기독교의 황금률이나 '처지를 바꿔 놓고 생각해 보라.'라는 역지사지와도 서로 통하지요. 그러나 요즘의 신자유주의적 금융 자본주의는 이러한 조건을 인정하지 않아요.

그 조건 하나만 빼고 나머지 조건은 모두 만족된다면 차선의 상태라고 할 수 있을까요? 립시와 랭커스터에 의하면 그렇지 않다는 거예요. 그 조건 하나만 만족되지 않고 나머지 조건이 모두 만족되는 상태보다 차라리 다른 여러 조건이 만족되지 않는 편이 더 나을 수도 있다는 거지요. 안타깝게도 차선의 이론은 경제학의 일부임에도 불구하고 많이 알려져 있지 않아요.

돈과 금융이 갖고 있는
긍정적인 측면은
무엇일까요?

　지금까지 이 책에서 늘어놓은 돈과 금융에 대한 이야기는 대부분 부정적인 쪽이었어요. 부정적인 측면을 주로 이야기한 이유는 그게 조심해야 할 부분이기 때문이에요. 어떠한 경우에 돈이 잘못 쓰이는지를 알아야 그걸 피할 수 있을 테니까요. 사실 알고 보면 돈과 금융에도 분명 긍정적인 측면이 있어요.

　돈과 금융의 긍정적인 측면을 이야기하기에 앞서 다음과 같은 질문을 먼저 해 보고 싶어요. 돈은 삶의 궁극적인 목표일까요? 여러분 중에 "그렇다."라고 대답할 사람도 있을지 몰라요. 그렇게 사는 건 개인의 선택이지요. 하지만 정말 돈만 많으면 아무래도 상관없는 것일까요?

저는 그렇지 않다고 생각해요. 많은 돈을 가진 사람 중에는 다른 사람을 속이거나 해쳐서 돈을 번 사람도 있어요. 범죄를 통해 부를 축적한 사람도 있고요. 아이들이 먹는 분유에 이상한 걸 넣어 돈을 번 사람도 있고 마약을 팔아 돈을 번 사람도 있지요. 이렇게 해도 괜찮다면 세상에 아무도 믿을 사람이 없겠지요. 모두가 불안에 떨며 사는 세상이 될 거예요. 지옥이 따로 없는 거지요.

돈은 삶의 궁극적인 목표가 될 수 없어요. 세상에는 해야 할 가치 있는 일들이 많이 있지요. 그러한 일들이 여러분의 삶을 만들어요. 어떤 사람이 하고 싶어 하는 일 중에 가치 있는 일이 없다면 아무리 돈이 많아도 그 삶은 공허해져요. 반대로 돈이 생기지 않더라도 평생을 두고 이루려는 일이 보람된 일이라면 충만한 행복감을 느끼지요.

두 사람을 예로 들어 볼게요. 첫 번째 예는 윌리엄 헨리 게이츠 3세예요. 본명을 길게 썼는데 사실 소프트웨어 회사 마이크로소프트의 창업주 빌 게이츠지요. 그는 중학생 때부터 컴퓨터 게임에 깊이 빠졌어요. 덕분에 남다른 프로그래밍 실력을 갖게 됐지요. 게이츠는 학교의 반 편성 프로그램을 조작해 여학생들이 자신의 반에 많이 오도록 한 말썽쟁이였어요. 대학도 마이크로소프트를 창업하기 위해 중간에 그만둘 만큼 평범한 우등생의 모습과는 거리가 멀었어요. 그 대학이 모두가 부러워할 만한 하버드 대학이었음에도 불구하고 말이에요.

1990년대를 거치면서 마이크로소프트는 세계에서 가장 많은 돈을 버는 회사로 올라섰어요. 게이츠는 세계 최고의 부자가 되었지요. 여기까지가 전부였다면 굳이 게이츠에 대한 이야기를 이 책에서 하진 않았을 거예요.

1955년에 태어난 게이츠는 2000년 마이크로소프트의 최고 경영자에서 물러났어요. 2016년 기준으로 게이츠의 개인 재산은 80조 원이 넘어요. 살고 있는 저택의 가격이 1,000억 원이 넘고 저택에 대한 세금도 10억 원에 달하지요. 게이츠는 이 많은 돈으로 무얼 하고 있을까요?

게이츠는 2000년에 '빌 앤드 멜린다 게이츠 재단'을 설립했어요. 멜린다는 게이츠의 아내예요. 그러고는 재산의 상당 부분을 재단에 넘겼지요. 2014년 말 기준으로 게이츠 재단의 돈은 44조 원이 넘어요. 대부분 게이츠가 기부한 돈이지요. 게이츠 부부는 세 자녀에게 각각 100억 원 정도의 돈만 물려주고 나머지 재산은 모두 기부할 계획이라고 이야기했어요.

게이츠가 재단을 세운 이유는 이를 통해 제2의 인생을 살기 위해서예요. 그동안 번 돈을 좋은 목적에 잘 쓰고 싶은 거였지요. 게이츠 재단이 지원한 박애주의적 사업은 이루 셀 수 없이 많아요. 저소득층을 위한 장학 사업에 약 1조 6,000억 원, 빈민 지역 교육 환경 개선에 약 2조 원, 말라리아 퇴치에 약 1조 5,000억 원, 결핵 퇴치에 약 1조 원, 소아마비 퇴치에 약 4,000억 원 등이지요. 그 덕분에 어려운 형편에 처한 많은 사람들이 도움을 얻고 있어요.

게이츠는 영속적으로 재단을 유지할 생각도 없다고 해요. 자신과 멜린다가 죽은 후 20년 이내에 재단의 남은 모든 돈을 다 쓰도록 해 놓았지요. 이쯤 되면 그가 단지 잘난 척하기 위해 재단을 세운 게 아니겠구나 하는 생각이 들어요.

또 하나 예를 들어 볼게요. 2016년 12월, 30대 중반의 한 남자가 신원을 밝히지 않은 채 5,000만 원을 기부하려고 주민 센터를 찾아왔다는 기사가 있었어요. 그 돈은 비영리 단체인 사회복지공동모금회로 전달됐지요. 기부 담당 직원은 이름과 전화번호를 알려 달라고 요청했지만 그는 "독거노인과 소년 소녀 가장들을 위해 써 달라."며 김달봉이라는 이름 석 자만 남기고 떠났어요. 기부 담당 직원은 "적지 않은 돈을 기부하면서도 자랑하는 기색이 없어서 오히려 내가 당황스러웠다."라고 말했지요. 김달봉이라는 이름은 물론 가명이었고요.

그 후로도 그 남자는 두 번 더 다른 구청을 찾아가 5,000만 원씩 기부했어요. 기념사진이라도 찍자거나 연락처를 달라는 요청에 "조용히 기부하고 싶다."라는 말만 남기고 사라졌지요. 그가 기부한 돈은 누군가에게 큰 도움이 되었을 거예요.

한편 게이츠나 그 무명의 남자 정도가 되어야만 돈을 제대로 쓸 수 있는 건 결코 아니에요. 금액은 그렇게 중요한 요소가 아니지요. 큰돈은 큰돈대로, 적은 돈은 또 적은 돈대로 의미가 있어요. 얼

마의 돈을 모았건 간에 그런 뜻 하나하나는 다 소중하지요.

　돈은 목표가 아닌 수단에 불과해요. 쓰는 사람이 누구냐, 그리고 어떤 목적으로 쓰이느냐에 따라 약이 될 수도, 독약이 될 수도 있지요. 이 책을 읽은 여러분이 돈을 독약이 아닌 약으로 쓰는 사람이 되길 진심으로 기대하면서 이 책을 마칠까 해요.

저는 돈과 금융을 다룬 책을 꽤 여러 권 냈습니다. 그중에는 청소년을 위해 쓴 금융 소설도 있습니다. 아무리 쉽게 설명해도 금융은 어렵다는 피드백을 때때로 듣다 보니 '소설로 써 놓으면 그래도 조금 쉽게 느껴지지 않을까?' 하는 생각 때문이었어요. 경제 분야 책으로 유명한 출판사의 대표인 제 지인은 "청소년을 위한 책이란 따로 있을 필요가 없다."라고 이야기합니다. 그 지인에게 그간의 내 시도는 소용없는 허튼 짓으로 보일 것 같기도 합니다.

하지만 저는 조금 생각이 다릅니다. 모든 사람이 똑같은 치수의 옷을 입는다면 어떨까요? 불가능한 일은 아니라 해도 대부분은 옷이 너무 헐렁하거나 또는 너무 꽉 끼어서 어색해 보이겠지요. 책도 마찬가지가 아닐까요? 도수 맞는 안경을 써야 또렷이 잘 보이듯 청소년의 눈높이와 관심사에 맞춘 책이 더 잘 읽히는 건 당연한 일이겠지요.

이 책은 청소년들이 술술 읽었으면 좋겠다는 마음으로 쓴 책입니다. 단, 쓰는 저도 술술 썼다고 생각하지는 말아 주세요. 난해한 책이 쓰기 더 어려울 것 같지만 사실은 정반대니까요. 어떤 책이 어렵다면 그걸 쓴 사람이 자기가 쓴 내용에 대해 충분히 알고 있지 않다는 증거랍니다.

청소년들이 왜 돈과 금융에 대한 책을 읽어야 할까요? 사실 금융 지식이 대학 입학에 크게 도움이 될 것 같지는 않습니다. 고등학교의 경제 교과 채택률이 15퍼센트에 불과하고, 금융을 다룬 유일한 단원은 소략한 데다 맨 뒤에 나와 수업에서 거의 다루지 않는다고 합니다. 게다가 수능 응시자 중에 경제를 택하는 이들의 수는 미미하기 짝이 없습니다. 2018학년도 수능에서 경제 과목을 택한 수험생은 6,675명이었습니다. 전체 사회 탐구 영역 응시자의 2.2퍼센트에 불과한 숫자였지요.

하지만 돈은 실로 중요합니다. 부모님들은 "공부해라." "좋은 대학에 가야 한다." 등의 말을 자주 합니다. 왜냐고 물으면 보통 "좋은 직장에 들어가기 위해서."라고 대답하지요. 왜 좋은 직장에 가야 되느냐고 물으면 "경제적인 여유와 안정 때문에."라고 말합니다. 직업을 선택할 때에도 연봉이 얼마냐 하는 문제는 빼놓을 수 없는 고려 사항입니다. 아이돌 가수나 스포츠 스타의 엄청난 수입도 그들에 대한 부러움과 호기심을 갖게 만드는 한 원인이니까요.

돈과 금융에 대한 책들은 거의 예외 없이 다음 둘 중 하나의 범주에 속합니다. 하나는 금융 이론을 소개하는 책이고, 다른 하나는 돈 버는 방법을 알려 준다는 이른바 '재테크'서입니다. 중고교 사회 책부터 대학의 재무론 교과서까지 제도권 서적들은 전자에 해당됩니다. 반면 이른바 자칭 업계 전문가들이 쓴 책들은 후자를 대표하지요. 흥미롭게도 이 둘은 서로를 깔보고 경멸합니다.

하지만 그 둘 사이에는 한 가지 공통점이 있습니다. 그건 금융을 단지 돈을 버는, 그것도 가능한 한 많이 버는 수단으로 여긴다는 사실입니다. 학계의 재무 이론은 처음부터 끝까지 개인과 금융 회사가 어떻게 돈을 불릴 것인가의 관점에서 서술되어 있습니다. 다시 말해 투자자의 관점만이 존재합니다. 부자의 비밀을 알려 준다는 재테크서는 말할 것도 없고요. 이들에게 금융이란 '돈 놓고 돈 먹기'나 '경주마에 돈 걸기'에 지나지 않습니다. 한 개인으로서 돈을 어떻게 관리하고 불릴 것인가는 물론 중요한 문제입니다. 하지만 그러한 시각에만 매몰되면 결국 죄수의 딜레마에 빠져 제로섬에 머물 뿐입니다.

저는 이 책에서 좀 더 균형 잡히고 거시적인 시각을 보여 주고 싶었습니다. 그래서 투자와 금융의 이론을 이야기하기에 앞서 돈의 본질에 대해 이야기했습니다. 이는 자본주의 시스템에 대한 이야기이기도 합니다. 시스템 차원에서 돈이 만들어지고 관리되는 큰 그림에 대한 설명이 없다면 금융에 대한 이해는 표피적인 수준에 머물 수밖에 없습니다.

그다음으로 돈 관리와 빚에 대한 이야기를 했습니다. 청소년들이 돈에 대해 좋은 습관을 가지는 것은 무엇보다도 중요합니다. 그러기 위해서는 빚에 대해 제대로 이해해야 합니다. 특히 빚의 문제는 개인 차원에서 끝나지 않고 회사와 국가에도 그대로 적용됩니다.

3부에서는 금융 시장에 대해 이야기했습니다. 금융 시장은 투자와 투기가 벌어지는 곳입니다. 그렇기 때문에 금융 시장에 대한 최소한의 지식이 필요합니다. 3부에서는 실물 경제와 금융의 관계도 살펴보았습니다. 금융 업계는 금융이 경제 발전의 원동력인 것처럼 이야기하고는 합니다. 사실은 그 반대에 가깝습니다. 실물 경제가 튼튼하면 금융은 저절로 따라옵니다. 하지만 금융을 인위적으로 조작해서 실물 경제가 좋아질 리는 만무합니다. 상징적인 비유로서 축구공과 금융, 그리고 축구 경기와 금융을 예로 들었습니다. 금융을 금융 자체로 보지 말고 언제나 실물 경제와 연결 지어 보게 한다면 청소년들의 건전한 세계관에 큰 도움이 될 것입니다.

4부는 일종의 요약이자 마무리입니다. 돈은 목적이기보다는 수단이라는 것을 확인하고 돈에는 긍정적 측면과 부정적 측면이 공존함을 짚어 보려 했습니다. 돈이라는 수단을 어떻게 쓸 것인가는 개인에게, 그리고 그러한 개인들로 구성된 사회 전체에 주어진 문제입니다. 몇 가지 사례들을 통해 '약도 될 수 있고 독약도 될 수 있는' 돈의 있는 그대로의 모습을 드러내 보이려고 했습니다.

마지막으로 이 자리를 빌려 창비의 이지영 부장님과 김효근 편집자님에게 감사를 표하고 싶습니다. 우리 청소년들의 금융 이해력을 높이기 위한 책을 써 달라고 제안해 주신 덕분에 이 책을 쓰게 되었습니다. 또 금융 문외한들이 궁금해할 만한 질문을 모아 보내 주셨는데 이 책 곳곳에 그 질문과 대답들을 녹여내었습니다. 편집을 맡아 주신 김선아 팀장님과 이현선 편집자님에게도 감사의 마음을 전합니다. 혹시라도 있을지 모를 오류나 아쉬운 부분은 전적으로 나의 부족함 때문입니다.

2018년 1월
자택 서재에서
권오상

가중치 어떤 상품이 경제생활에서 차지하는 상대적인 중요도예요. 이 중요도에 따라 평균 값에 반영되는 정도가 달라져요.

국영 기업 소유주가 국가이고 경영도 국가가 맡아서 하는 기업이에요. 교통, 전기 등 공공 서비스와 관련된 분야를 담당하는 기업인 경우가 많아요.

국유화 국가의 소유로 만드는 것이에요.

나스닥 IT 회사들을 비롯한 벤처 기업 위주의 증권 거래소로, 세계에서 두 번째로 큰 규모 예요.

뉴욕 증권 거래소 세계 금융의 중심인 뉴욕 월스트리트에 있는 증권 거래소로, 세계에서 가장 규모가 커요.

담보 대출 은행이 담보물을 잡고 하는 대출이에요. 담보물이란 대출을 갚지 못하게 될 경 우 대신 내야 하는 것이에요. 부동산이나 채권 등이 담보물이 될 수 있어요.

대공황 세계적인 규모로 일어나는 심각한 불황이에요. 흔히 대공황 하면 1929년에 일어난 경제 공황을 가리켜요.

도덕적 해이 여러 사람 중 한 명이 드러나지 않은 잘못을 저질러서 나머지 사람들에게 피 해가 가는 것이에요. 예를 들어, 여럿이 같이 일할 때 한 명이 게으름을 피워서 다른 사람들 이 그 일을 떠맡게 되는 경우가 있어요.

독과점 독점과 과점을 함께 가리키는 말이에요. 독점이란 어떤 판매자가 경쟁자들을 물리치고 혼자 시장을 지배하는 것이에요. 과점이란 소수의 판매자들끼리만 시장을 지배하는 것이에요.

명세서 물품, 금액 등의 내용을 자세하게 적은 문서예요.

무적함대 스페인의 왕 펠리페 2세가 영국 해군을 물리치기 위해 만든 함대예요. 이름과는 달리 무적은 아니었어요. 영국 해군의 습격을 받아 패했거든요.

보조금 국가가 형편이 어려운 사람들을 도와주거나 어떤 산업을 장려하기 위해 개인이나 기업에게 주는 돈이에요.

부실 대출 대출받은 사람이나 기업이 갚을 능력이나 갚으려는 의지가 부족해서 돌려받지 못하게 된 대출이에요.

부양책 거래가 적거나 상태가 부진한 것을 활성화하는 대책이나 방법이에요.

브로커 다른 사람의 요청을 받아 거래를 주선하고 그 대가로 수수료를 받는 사람이에요.

사회 보장 국민들이 최소한의 인간적인 생활을 누릴 수 있도록 국가가 경제적, 사회적으로 뒷받침해 주는 것이에요.

상비군 전쟁 등 국가적인 비상사태에 대비해 평소에도 유지되는 군대예요.

신용 돈 은행의 대출로 인해 생겨난 돈이에요.

실물 경제 물건과 서비스가 생산되고 소비되는 것과 관련된 경제 활동이에요. 금융은 여기에 포함되지 않아요.

실물 시장 물건과 서비스가 생산되고 소비되는 시장이에요. 금융 시장은 여기에 포함되지 않아요.

연기금 연금과 기금을 합친 말로, 연금 제도에 의해 모이게 된 자금을 뜻해요. 연기금은 정부가 운영하기 때문에 공적인 성격을 가져요. 우리나라의 연기금으로는 국민연금 기금, 공무원 연금 기금, 우체국 보험 기금, 사학 연금 기금 등이 대표적이에요.

이코노미스트 경제 전문가를 뜻하는 말로, 주로 금융 회사에서 일하며 경제 상황을 분석하고 예측하는 일을 해요.

재무론 기업이나 국가가 필요로 하는 돈을 효율적으로 관리하는 일에 대한 지식이에요.

재산 압류 빚을 갚지 못한 사람의 재산을 법적 절차에 따라 압수하는 것이에요.

차용증 다른 사람의 돈이나 물건을 빌린 사실을 증명하는 문서예요.

코스닥 우리나라 주식 시장의 하나로, 코스피에 들어가지 않은 기업의 주식을 사고팔아요. 성장 가능성이 높은 벤처 기업이나 중소기업이 주로 대상이 돼요.

코스피 우리나라의 종합 주가 지수예요. 우리나라 주식 시장의 상황을 가장 잘 나타내는 대표적인 지수예요.

태평천국의 난 19세기 후반에 중국에서 벌어진 내전으로, 농민 반란군이 태평천국이라는 이름의 나라를 세웠어요. 태평천국은 청나라에 의해 멸망했어요.

트레이딩 금융 상품이나 원자재 등을 사고파는 것으로, 우리말로 하면 '거래'예요.

파생 금융 거래 주식, 채권 등 기초 자산의 가치 변동에 따라 가격이 결정되는 금융 거래예요.

프라이빗 뱅크 소수의 자산가들을 상대로 운영되는 은행이에요.

헤지펀드 일종의 펀드로, 일반적인 펀드보다 소규모로 운영돼요. 감독 기관의 감시가 덜 미치고 투기성이 강한 것이 특징이에요. 이익을 올리기 위해서라면 때로 불법적인 일까지 마다하지 않아요.

협동조합 농민, 어민 등 경제적으로 약한 위치에 있는 사람들이 함께 경제적 이익을 추구하기 위해 만든 협력 조직이에요.

MBA 경영 전문 대학원에서 주는 석사 학위로, 'Master of Business Administration'의 약자예요. 학자가 아니라 전문적인 경영인을 키우는 것을 목적으로 해요. 그래서 직장 생활을 하다가 입학하게 되는 경우가 많아요.